OREMOS CON PODER

¡Oremos con poder es profundo y estimulante! Este es el mejor libro de Peter Wagner sobre la oración, es un resumen dinámico de lo que Wagner ha aprendido acerca de la oración durante la última década. Usted querrá adquirir algunas copias para sus amigos para usted mismo.

DAVID YONGGI CHO
PASTOR PRINCIPAL DE LA IGLESIA YOIDO FULL GOSPEL
SEÚL, COREA DEL SUR

Oremos con poder es hasta ahora el mejor libro de Peter Wagner. Como herramienta para el desarrollo personal de la oración, este ungido libro le brinda un conocimiento en la obra de la oración que lo llevará más allá de las formas tradicionales de orar y lo guiará a la verdadera intercesión eficaz.

ROBERTS LIARDON
PASTOR DEL CENTRO CRISTIANO EMBASSY
IRVINE, CALIFORNIA

SERIE GUERRERO EN ORACIÓN

OREMOS
CON
PODER

Comó orar con efectividad y oír claramente la voz de Dios

C. PETER
WAGNER

GRUPO NELSON
Una división de Thomas Nelson Publishers
Desde 1798

NASHVILLE   DALLAS   MÉXICO DF.   RÍO DE JANEIRO

Título en inglés: *Praying with Power*
© 1997 por Peter Wagner
Publicado por Regal Books

Traducción: *Ricardo Acosta*

ISBN: 978-1-60255-612-6

O
R
E
M
O
S

Contenido

CON PODER

Introducción   7

1. **La oración puede ser poderosa (o de otra clase)**   11

   «¿Cómo se relaciona el acto humano de orar con la soberanía de Dios? Este es un asunto clave para entender la diferencia entre la oración en general y la oración eficaz y ferviente».

2. **La oración de doble vía: escuchar a Dios**   29

   «La esencia de la oración es una relación personal entre dos personas o intimidad con el Padre».

3. **La intercesión de nivel estratégico**   49

   «La guerra espiritual de nivel estratégico parece ser el nivel que promete dar los resultados más importantes en el mundo de la evangelización. Demanda también los mayores riesgos. Aquí se puede aplicar: "A mayor riesgo, mayor compensación"».

4. El enfoque de nuestras oraciones:
   La estrategia espiritual   65
   «La cartografía espiritual, o el enfoque de nuestras oraciones tan
   exactamente como sea posible, es una de las ayudas más importantes
   que podemos utilizar para orar de manera poderosa en vez de hacerlo
   de otra manera».

5. El poder para sanar el pasado   83
   De todas las formas de oración ... ninguna sobrepasa al potencial de la
   oración de arrepentimiento identificatorio para abrir el camino a la
   expansión del evangelio.

6. La oración fresca es vigor para su iglesia   105
   ¡Los chinos utilizan mucho de su tiempo de oración para orar por más y
   mejor tiempo de oración!

7. Intercesión personal por los líderes como don de Dios   125
   «La fuente de poder espiritual menos usada en nuestras iglesias hoy en
   día es la intercesión por los líderes cristianos».

8. La oración por nuestras ciudades   143
   «El avivamiento llegará cuando derribemos los muros que hay entre la
   iglesia y la comunidad».

9. Oración con poder por las naciones   163
   «El lema del movimiento A.D. 2000 declara: "Una iglesia para cada
   pueblo y el evangelio para toda persona en el año 2000"».

10. La oración innovadora   187
   Nuestro papel es sencillamente oír y obedecer la innovación y
   la creatividad de Dios.

Introducción

CON PODER

Hace diez años no pensaba que iría a escribir un artículo acerca de la oración, mucho menos un libro completo. ¡Cómo cambian las cosas!

El libro que usted tiene en sus manos es el sexto volumen de la Serie *Guerrero en oración*, que cuenta con un acumulado total de mil quinientas páginas. En 1987 el Señor me dio la tarea de investigar, escribir y enseñar cómo la oración se relaciona con el avance del reino de Dios a través de misiones, fundación y crecimiento de iglesias. En ese tiempo sabía tan poco de la oración que pensé que sería una tarea aburrida. También me preguntaba por qué Dios decidiría encargarme algo así en esa etapa de mi vida. Sin embargo, ahora sé que Dios no lo planificó para aburrirme sino para bendecirme.

Estos últimos diez años han demostrado ser hasta el presente, ¡los más emocionantes en mis cuarenta años como ministro ordenado!

¿SE PUEDE «DAR POR SENTADA» LA ORACIÓN?

Mi participación en el movimiento mundial de oración me entusiasmó a tal punto que algunos de mis amigos pensaron que había abandonado mi llamado como profesor de crecimiento congregacional. Eso ocurrió porque en ese campo ni mis colegas ni yo habíamos prestado mucha atención a factores espirituales como la oración. Creíamos en la oración, pero *dimos por sentado* que estaría siempre a la mano y que de todos modos no se podía decir mucho de ella. Cuando descubrí que esto estaba lejos de ser cierto, durante un tiempo algunos de mis amigos me malinterpretaron.

Pero gracias a Dios, esa época pasó. Es difícil mantenerse al día con los libros, videos y conferencias acerca del tema, ya que estos se multiplican con mucha rapidez. Hoy día tengo en mi biblioteca personal nueve estantes de libros acerca de la oración, y pronto serán diez.

Cuando recorro el país y muchas partes del mundo, con frecuencia algunas personas me preguntan cuál de mis libros de oración les recomiendo. Esta pregunta refleja el hecho de que tal vez muchos piensan en un solo libro a la vez. Algunos no tienen suficiente presupuesto para comprar muchos de ellos. Quizás otros tengan capacidad de leer pero no son lectores habituales. Algunas personas piensan que hacen mucho con leer uno o dos libros en todo un año.

Para ser sincero, en el pasado no tenía una respuesta a esa pregunta. En las raras ocasiones en que tengo el tiempo, converso con las personas lo suficiente como para intentar discernir sus necesidades y entonces trato de nombrar el libro que mejor les puede ayudar. Mi problema es que cada uno de los primeros cinco libros de la Serie *Guerrero en oración* se especializa y enfoca cierta clase de oración para cubrir algunas necesidades específicas.

CUANDO DEBE ELEGIR SOLO UNO

De ahora en adelante recomendaré *Oremos con poder* a los que creen que pueden ocuparse solo de uno de mis libros acerca de la oración. Es cierto que este es el último, pero lo escribí como introducción a la serie completa. En este libro recopilé lo más importante de los otros cinco. Es la perspectiva general de todos los temas de los que he escrito; quienes estén interesados pueden obtener los otros libros y profundizar en los temas que les llame la atención de manera especial.

Usted encontrará en este libro un par de reflexiones que no se incluyen en los demás: Arrepentimiento identificatorio (capítulo 5) y hechos de oración profética (capítulo 10). Verá también en este libro cierta clase de coincidencia con los otros, la que intenté que fuera mínima. No copié nada directamente y en este libro no se encuentran tantas coincidencias como las que podemos ver, por ejemplo, en los cuatro Evangelios. Sin embargo, soy el mismo autor y creo necesario repetir algunas cosas que considero entre las más importantes. Prefiero mirarlas como «redundancias creativas».

En este libro menciono de vez en cuando los otros. Esta no es una maniobra para promover la compra de ellos. Por el contrario, mi intención es proveer a los lectores de una guía clasificada para moverse en todas las direcciones que el Señor muestra. Al final de cada capítulo señalo más fuentes para los lectores que desean conocer más del tema.

Este libro es también una actualización. He aprendido mucho desde que escribí mi primer libro sobre la oración hace cinco años, y estoy feliz de dar a conocer muchas de las novedades que Dios nos ha estado mostrando. La Biblia dice que no hay nada nuevo bajo el sol. Es verdad, pero también es cierto que yo como individuo he descubierto cosas que no sabía antes. Lo mismo podrían decir los que representan muchos de los segmentos sustanciales del Cuerpo de Cristo.

Los cristianos están orando y hablando de la oración más que en cualquier época que se recuerde. Los pastores elevan un sinnúmero de oraciones por las peticiones de sus iglesias locales.

Como nunca antes, hoy día se dictan cursos sobre la oración en seminarios y escuelas bíblicas. Las denominaciones y agencias misioneras están agregando líderes de oración a su personal directivo. En todos los continentes se multiplican los ministerios de oración.

Este es el momento para que usted se informe y se involucre. Oro que Dios utilice este libro, *Oremos con poder*, para que miles y miles se incorporen a la corriente del movimiento de oración mundial y que el nombre del Señor sea exaltado entre las naciones como nunca antes.

C. Peter Wagner
Colorado Springs, Colorado

La oración puede ser poderosa (o de otra clase)

L NOMBRE DE LA IGLESIA ES LA CUEVA DE ORACIÓN. ESTE PODRÍA parecer un nombre extraño a oídos de la mayoría de los creyentes cristianos. Sin embargo, en todo Kenia, la nación más destacada de África oriental, reina la creatividad para asignar nombres a las iglesias. Cuando fundó la iglesia en la pequeña ciudad de Kiambu, no hace mucho tiempo, la oración jugaba un papel tan importante para el pastor Thomas Muthee que denominarla «La Cueva de Oración» fue lo más natural.

Que yo sepa, ninguna otra iglesia ejemplifica mejor el tema que se trata en este libro: la oración con poder. Pienso que para nosotros es importante entender que la oración no es un ejercicio etéreo que tiene efectos medibles en el mundo real en que vivimos. Sé que no hay mejor medio para empezar a comprender cuán poderosa puede ser la oración, que el de explorar un ejemplo concreto tal como La Cueva de Oración en Kiambu, Kenia.

LA ORACIÓN SURTE EFECTO

Una tesis central subyacente en todos mis escritos sobre la oración es que esta da resultado. No toda oración surte efecto, pero sí lo hace la *eficaz*. La oración *poderosa* surte efecto. Uso cursivas en estos adjetivos para resaltar lo que muchos de nosotros sabemos en nuestros corazones, pero que algunas veces vacilamos al admitirlo: no todas las oraciones son iguales. Así como algunas son eficaces, otras no lo son, y algunas otras son eficaces a medias. Así como algunas oraciones son poderosas, otras desafortunadamente no tienen poder. Soy lo suficiente pragmatista para no tener casi ningún incentivo para escribir una serie de libros acerca de la oración en general. Mi interés está casi exclusivamente en la oración *poderosa*, no en las otras clases.

La esencia de la oración es una relación personal entre un creyente y Dios. Algunos la llaman «intimidad con el Padre». Esto es verdadero e importante. Por eso no sería correcto decir que cualquier oración es *mala* en sí. No quisiera hacer distinción entre oración *buena* y *mala*, por ejemplo. Debo admitir, sin embargo, que alguna oración puede estar mal encaminada y por lo tanto carecer de poder. Santiago dice: «Pedís y no recibís, porque pedís mal» (4.3). La mala motivación, el pecado en nuestra vida o muchas otras cosas que mencionaré de vez en cuando pueden debilitar la oración.

La diferencia que hago es más exactamente entre la oración *buena* y la *mejor*. A mi esposa Doris le gusta decir: «Ninguna oración se desperdicia». Toda buena oración se puede ver como un paso en la dirección correcta, pero algunos de esos pasos podrían ser más pequeños de lo debido. Si usted está leyendo este libro, las probabilidades son enormes de que tenga un deseo ardiente en su corazón de orar con más eficacia que de ordinario. Tal vez ahora se encuentre en un nivel relativamente bajo, pero no quiere permanecer allí. Tal vez esté en un nivel elevado de oración pero sabe que hay niveles aun más elevados, en los que desearía estar.

CÓMO MEDIR EL PODER DE LA ORACIÓN

¿Cómo sabe usted cuándo alcanza un nivel más elevado de oración? Una manera es ver un incremento medible y concreto en las respuestas a sus oraciones. Por eso me gusta afirmar que la oración surte efecto. Santiago no dice: «La oración del justo puede mucho». Él parece salirse de su esfera para decir que «la oración *eficaz* del justo puede mucho» (5.16, énfasis añadido). Si él lo hubiera dejado de esta manera seguramente la declaración sería verdadera, aunque un poco vaga. Para evitar esto, Santiago la hace de inmediato más concreta. Usa como ejemplo a Elías, un ser humano como nosotros. Elías oró para que no lloviera y no llovió. Luego oró para que lloviera y llovió. ¡La oración de Elías surtió efecto!

Deseo que todas mis oraciones sean como la de Elías. Sin embargo, debo confesar que *todavía* no he llegado a su nivel. Ni siquiera estoy en el nivel de muchos de mis amigos íntimos... *todavía*. Algo que sé es que estoy en un nivel más alto que el año pasado y que con la ayuda de Dios el año entrante estaré en un nivel más elevado que hoy. Quizás nunca alcance el nivel de Elías, pero no porque sea imposible.

En el pasaje que cito Santiago se esmera en señalar que «Elías era hombre sujeto a pasiones semejantes a las nuestras» (v. 17). Es seguro que Dios podría usarnos a usted o a mí de la misma manera que usó a Elías. ¿Por qué no? Ese es exactamente mi deseo. Quiero que mis oraciones sean en el futuro más eficaces que en el pasado.

No tengo dudas que este libro le ayudará a que sus oraciones se vuelvan más poderosas de lo que han sido en el pasado. Solo sienta cómo el pulso de una iglesia dinámica, como La Cueva de Oración, lo llena de fe y esperanza renovadas en la oración eficaz para su vida personal y familiar, para su iglesia y su comunidad. Creo que estará de acuerdo conmigo en que el pastor Thomas Muthee está muy cerca del nivel de Elías.

LA CUEVA DE ORACIÓN EN KENIA

El pastor Thomas Muthee es un valioso amigo personal. Dirige la Cadena Internacional de Guerra Espiritual en África oriental y es uno de los trece miembros distinguidos de la Junta Internacional del Centro Mundial de Oración. Es un pensador claro, conciso, sabio y respetado por sus compañeros en África y otras partes del mundo. Digo esto, no para alimentar el ego de mi amigo Thomas, sino sencillamente para asegurar a los lectores que no hablamos de un personaje irrelevante, sino de un líder eclesiástico de buena reputación y gran integridad.

Estoy muy agradecido a mi colega, George Otis, hijo, del Grupo Centinela, por haberme presentado al pastor Thomas Muthee y por permitirme entrevistarlo a fin de obtener detalles de su notable historia. La siguiente narración es tomada del libro que George Otis, hijo, está preparando: *The Twilight of the Labyrinth* [El ocaso del laberinto].

Comúnmente se podría identificar a Thomas Muthee como el pastor de una superiglesia. La Cueva de Oración crece con rapidez en el tiempo que se escribe este libro tiene cerca de cuatro mil miembros, que representa el cinco por ciento de los ochenta mil habitantes de Kiambu. Casi todos los miembros son nuevos convertidos, ya que solo unos pocos residentes de Kiambu eran cristianos cuando llegó Thomas. ¿Cómo creció tan vigorosamente esta iglesia y cómo llegó a tener una influencia medible en toda la ciudad?

Thomas Muthee contestaría sin ninguna vacilación que fue mediante la *oración poderosa*.

A finales de la década de los ochenta, Thomas y su esposa regresaron a Kenia después de vivir un tiempo en Escocia. Él ministraba como evangelista itinerante y su esposa era maestra escolar.

Mientras oraba en un día de 1988, oyó al el Señor decirle: «Quiero que fundes una iglesia en Kiambu». Oír de Dios en oración no era una experiencia nueva para Thomas, aunque sí lo sería para muchos cristianos que conozco. Este es un elemento tan vital de la oración poderosa que dedico todo el próximo capítulo al tema de la oración de doble vía.

Después de pasar bastante tiempo con el Señor y comprobar el mensaje con su esposa y con otros (siempre una buena salvaguardia) Thomas estaba seguro de que era en verdad la orden de Dios para empezar una nueva carrera y cambiar su lugar de residencia. No tenía la menor duda que debía obedecer. Sin embargo, Thomas no veía la misión con mucho agrado.

Capital del crimen y cementerio de predicadores

¿Kiambu? A solo unos cuantos kilómetros de distancia de Nairobi, la hermosa capital, Kiambu se había ganado la reputación nacional de tener la peor tasa de crimen, violencia, borracheras, inmoralidad, robo y degradación humana. El desorden público era normal y el estruendo de la música rock salía de los alto parlantes de los bares durante toda la noche. Era la capital del crimen en Kenia y el promedio de asesinatos era de ocho por mes. La economía de la ciudad era tan mala que los funcionarios del gobierno pagaban sobornos a sus superiores para que no los asignaran a Kiambu.

También una nube de misterio cubría la ciudad. Todos allí sabían que en cierto lugar ocurrían a menudo muchos accidentes automovilísticos inexplicables. Se consideraba un buen mes cuando solo tres muertes se reportaban como resultado de accidentes de tránsito. Más extraño aun era el hecho de que no importa cuán destrozados estuvieran los cadáveres de las víctimas de accidentes, ¡nunca sangraban! En ocasiones algunos informaban haber escuchado chirridos de frenos seguidos de ruidos de metales chocando, ¡pero cuando corrían al sitio no veían ningún vehículo!

Aunque nunca había estado en Kiambu, Thomas conocía muy bien su reputación y no le gustaba la ciudad, mucho menos la idea de vivir allí. Además, aunque había estado en el ministerio cristiano por años, nunca había pensado en fundar una nueva iglesia. Creía tener el don de evangelista y lo utilizaba con éxito al viajar por toda la nación.

Aunque hubiera pensado en fundar una iglesia, Kiambu tendría la última posibilidad porque la ciudad también se había ganado la reputación de ser cementerio de predicadores. Pastor tras pastor habían intentado fundar una iglesia allí y pronto salían derrotados y desanimados. Las iglesias pentecostales carismáticas que crecían vigorosamente en otras regiones de Kenia, tampoco parecían tener éxito en Kiambu. La iglesia más grande, pastoreada por un maravilloso y consagrado hombre de Dios, ¡tenía menos de sesenta miembros después de quince años de ministerio fiel! Otra, también de quince años, tenía cuarenta miembros y otra solo treinta.

Seis meses de oración y ayuno
La misión estaba clara, ¿pero cómo llevarla a cabo? Si Thomas hubiera tomado mi curso en Fuller sobre fundación de iglesias habría hecho exploraciones demográficas, estudios de factibilidad, encuestas de opinión pública y análisis de costos. No hay nada malo en eso, yo continúo recomendándolo mucho a los más inteligentes fundadores de iglesias. Sin embargo, Dios le mostró a Thomas una estrategia diferente que muy pocos fundadores de iglesias han usado. En este caso era probablemente el único medio por el cual pudiera penetrar el evangelio, en algún grado considerable, a una ciudad tan sumergida en las tinieblas espirituales como lo era Kiambu.

Al mencionar esto no quiero dar la impresión de que sugiero que se debería *sustituir* el método de Thomas Muthee por los principios probados y verdaderos de fundación de iglesias y de crecimiento congregacional. De lo que definitivamente sí quiero dejar la impresión es que los fundadores de iglesias de cualquier tendencia harían bien en observar con sumo cuidado lo que hizo Thomas, discernir los principios espirituales detrás de sus actividades y, aunque decidan no copiar su método, al menos considerar el uso de sus principios.

El plan de Dios para Thomas y su esposa era que oraran y ayunaran durante seis meses, lo que hicieron con fidelidad. En ese período Thomas no hizo muchas visitas a Kiambu, que estaba a solo dieciséis kilómetros de su casa. Ellos practicaron varias clases de ayuno en ese tiempo, desde ayunar con una comida o dos hasta beber tan solo jugos o agua por largos períodos. Hicieron también ayunos absolutos en los que no consumieron comida ni bebida.

Escuché personalmente a Thomas su descripción sobre esta temporada de espera en el Señor, la que contempló como una guerra espiritual dinámica: «Si vamos a ganar la batalla por Kiambu, debemos ganarla en el aire. Las tropas de infantería no deben invadir el territorio enemigo sin alcanzar primero la victoria en el mundo espiritual. No quisiera poner mi pie en Kiambu hasta que las fuerzas espirituales de la oscuridad que hay sobre la ciudad se hayan debilitado».

Para Thomas no eran extrañas las artimañas de Satanás. Él era un intercesor experimentado y en su obra evangelizadora había enfrentado al enemigo en luchas de poderes en gran variedad de niveles. Había aprendido que el diablo asigna ciertos demonios específicos sobre pueblos, ciudades y naciones, así como sobre familias. Dijo: «En este período de oración y ayuno quise saber con exactitud lo que mantenía oprimido política, social, económica y espiritualmente a Kiambu».

«Cartografía espiritual» es el término que muchos de nosotros usamos para la búsqueda en la que estaba inmerso Thomas en ese tiempo. El propósito principal de la cartografía espiritual es dar en el blanco con nuestras oraciones de la manera más exacta posible. Esto es tan importante que le dediqué al tema todo un capítulo (4). Por lo tanto, aquí no voy a entrar en mayores detalles, excepto para decir que a medida que Thomas oraba se encontraba preguntando más y más acerca de la identidad exacta del mayor principado sobre la ciudad. Como digo a menudo, no es *necesario* conocer el nombre del espíritu gobernante para orar con eficacia por una ciudad como Kiambu, pero es una *ventaja* si Dios decide revelarlo. Thomas creía que en este caso debía preguntar específicamente por el nombre.

El poder sobre la ciudad: Brujería
Dios respondió en esta ocasión mediante una visión. En ella, Thomas vio con claridad el principado sobre Kiambu; su nombre era «Brujería». Vio también otros muchos demonios alrededor de Brujería y bajo sus órdenes. A partir de ese momento las oraciones de Thomas y de su esposa tuvieron un blanco mucho más específico y sintieron en el Espíritu que se estaba haciendo un gran daño en el mundo invisible a los ángeles de las tinieblas, que por generaciones habían reinado con libertad sobre Kiambu.

El nombre que recibieron fue *funcional*: un espíritu de brujería. Ese demonio pudo haber tenido un nombre *adecuado*, similar a algunos que vemos en la Biblia como «Ajenjo»,«Abadón» o «Beelzebú», pero en este caso Thomas aparentemente no necesitaba saber lo que era. Si lo hubiera necesitado, sin duda Dios se lo habría revelado. Al mismo tiempo, la visión era tan clara que Thomas asignó el nombre adecuado, «Brujería», al espíritu que controlaba esa actividad y de ese modo influía en lo que ocurría en la ciudad.

Thomas sintió paz en su corazón al final de los seis meses de oración y ayuno. Sintió que estaba completa la fase principal del ministerio para alcanzar a Kiambu con el evangelio. Vio en el Espíritu que la atmósfera sobre Kiambu se había clarificado lo suficiente mediante la oración poderosa, que las fuerzas de las tinieblas habían perdido su dominio sobre la ciudad y estaban desorganizadas. Era la ocasión propicia para que las fuerzas de infantería penetraran en territorio enemigo.

Invasión: ¡Un ejército de dos personas!
Las tropas de infantería consistían de dos personas: Thomas y su esposa. Sin embargo, cuando se mudaron allí descubrieron que el camino estaba tan bien preparado que fueron los primeros ministros cristianos a quienes se permitió usar el edificio municipal para predicar el evangelio.

Su estrategia fue ganar personas mediante reuniones evangelísticas, así que, apoyado en su gran experiencia evangelizadora, Thomas empezó las reuniones en enero de 1989. Una de las

---

¡Lo que se gana con la oración se debe mantener a través de la oración!

---

primeras cosas que hizo fue pedir prestadas algunas llantas usadas en un taller de mecánica, ya que él es muy bajo de estatura. Las apiló e improvisó una plataforma desde la cual predicó la Palabra y seis personas se convirtieron la primera noche.

La cosecha evangelizadora continuó y la iglesia naciente se reunió en el edificio municipal durante más de un año. Sin embargo, Thomas se encontraba cada vez más insatisfecho porque no podían orar lo suficiente en el local. Podían usar el edificio solamente los domingos y los miércoles en la noche. La visión de Thomas era que las instalaciones de su iglesia se deberían usar para orar las veinticuatro horas de cada día. Él conocía muy bien lo que yo había oído decir a muchos intercesores: «¡Lo que se gana con la oración se debe mantener a través de la oración!» Estaba convencido de que si su nueva iglesia iba a continuar creciendo hasta tener influencia en toda la ciudad de Kiambu, la oración debería ser el componente más importante y dinámico de su filosofía ministerial.

Pronto pudieron mudarse del edificio municipal, pero al sótano de otro edificio. Tal vez este era más oscuro y desulcido, ¡pero desde el día en que se mudaron nunca se ha detenido la oración las veinticuatro horas del día! Al entrar en el sótano sentían como si entraran en una cueva, así que de la manera más natural empezaron a llamarla La Cueva de Oración, y el nombre se extendió.Como es de esperar,esta tiene un nombre oficial (Iglesia de la Palabra de Fe), pero en todas partes se conoce como La Cueva de Oración de Kiambu, aunque ya no se reúnen en el sótano.

El contraataque espiritual

La manera como estoy narrando este caso podría sonar como si el primer par de años de La Cueva de Oración hubiera sido pan comido, es decir sin problemas, dolores de cabeza o contratiempos. Por el contrario, el contraataque espiritual fue feroz. Thomas pronto descubrió que la persona más utilizada por Brujería, el principado sobre la ciudad, era una hechicera muy conocida llamada «mamá Jane». Ella efectuaba su brujería y adivinación en un lugar que perversamente denominó «clínica Emanuel». Muchos la considerában como la persona más poderosa en la ciudad, y tanto políticos como comerciantes frecuentaban la clínica Emanuel en busca de adivinación y bendiciones de mamá Jane.

Algo más: ¡La clínica Emanuel estaba situada cerca de un mercado al aire libre y era precisamente en esa parte de la ciudad donde ocurrían mes tras mes los misteriosos y fatales accidentes de tránsito!

Todos los sábados por la noche mamá Jane iba al lugar donde estaba la iglesia de Muthee, realizaba actos de magia y lanzaba encantamientos y maldiciones. Ella hizo saber a los funcionarios públicos que no podía ayudarlos con sus adivinaciones como solía hacerlo debido a que esta nueva iglesia parecía «cortar sus líneas de comunicación». Por consiguiente, uno de los resultados fue que no solo las autoridades, sino también los pastores de las otras iglesias cristianas atacaban el ministerio de La Cueva de Oración. ¡Eso no era nada agradable!

Orando veinticuatro horas al día, Thomas Muthee y los miembros de la iglesia hacían lo que podían para contrarrestar los ataques demoníacos contra la iglesia. Algunos líderes cristianos suelen pensar que los cristianos son inmunes a los ataques satánicos. Restan importancia al diablo llamándolo «león sin dientes». Tal actitud de rechazo lo único que hace es seguirle el juego a Satanás y darle carta blanca para continuar sus planes de matar, robar y destruir. Esa no fue la actitud de los miembros de La Cueva de Oración. Ellos sabían muy bien que el contraataque de mamá Jane era muy real y poderoso, y que estaba haciendo considerable daño a la causa de Cristo. Día tras día los cristianos clamaban a Dios por más poder.

¿Era excesiva la hechicería de mamá Jane?

Dios respondió llevando a Thomas Muthee y su congregación al plano de la desesperación. El poder del maligno había invadido la iglesia hasta el punto que apenas podían orar. ¡Un día la situación se puso tan difícil que empezaron un cántico de alabanza y no pudieron terminarlo! ¡Algo estaba sucediendo! Salieron del edificio y encontraron los restos de nuevos lugares de sacrificios y rituales dejados por mamá Jane.

Después de eso Thomas Muthee se postró ante el Señor, llorando hasta la agonía. ¿Iría esta obra a fracasar? ¿Era Kiambu en verdad un cementerio de pastores? ¿Se agregaría su lápida espiritual a la de los otros? En ese entonces Muthee estaba absolutamente convencido que que los poderes demoníacos encomendados a mamá Jane habían sido las mismísimas fuerzas que habían expulsado a todos los pastores fuera de Kiambu. «Dios», oró, «no permitas que yo sea el siguiente, ¡muéstrame el camino que debo seguir!»

Dios contestó esta oración con una vocecilla tranquila que solo sugería: «Hijo mío, quiero que consigas intercesores para la tarea». Afortunadamente Thomas entendió lo que Dios quería decir. Comprendió que aunque tenía una congregación de muchos que oraban, no había reconocido o designado intercesores ni les había otorgado poderes. Así como se espera que todos los cristianos sean testigos de Cristo y de ellos Dios escoge solo unos pocos como evangelistas, así también se espera que todos los cristianos sean personas de oración pero solo unos pocos son escogidos como intercesores. Este es otro de los componentes significativos de un ministerio global de oración que incluyo posteriormente de manera más completa (capítulo 7).

No queriendo cometer una equivocación o perder el tiempo, Thomas señaló de inmediato el asunto y dijo: «Señor, estoy listo para hacerlo. ¿Quiénes son los intercesores que has escogido?» Inmediatamente y de modo asombroso Dios contestó diciéndole que había seleccionado cinco intercesores. ¡Hasta le dio los nombres a Thomas!

Una estrategia podría ser que los cinco ayunaran y oraran una vez a la semana. Sin embargo, era necesaria una estrategia más radical. Muthee hizo que cada intercesor ayunara y orara durante un día completo, al día siguiente le correspondería a otro y así sucesivamente. De esa manera uno de los intercesores estaba siempre ayunando y orando.

Los intercesores necesitan escuderos
Los resultados iniciales parecieron ser positivos, pero los intercesores empezaron a sufrir graves ataques. En sus días asignados de ayuno y oración les venían enfermedades y otras molestias que los debilitaban e impedían que sus oraciones fueran tan poderosas como debían ser.

El pastor Thomas le pidió a Dios que le revelara lo que debía hacer y Él lo llevó a la historia bíblica de Jonatán, quien, a diferencia del rey Saúl, fue a la guerra con un escudero a su lado. Mediante este detalle aparentemente trivial, Dios mostró a Thomas que cada intercesor necesitaba escuderos en el día específico asignado para ayunar y orar.

Thomas juntó sus intercesores, que ya eran un grupo de nueve, y les dijo que cada uno estaría cubierto en su día de oración y ayuno por dos escuderos. Uno sería la persona que había ayunado y orado el día anterior y el otro sería el que estaba programado para el día siguiente. Ellos formarían un cerco protector de oración alrededor de quien estaba en servicio.

¡Lo hicieron y dio resultado! El acoso espiritual se detuvo de repente. El plan de escuderos se ha mantenido desde entonces y en el tiempo en que se escribe este libro ha crecido hasta llegar a cuatrocientos individuos muy comprometidos. En vez de tener un intercesor orando y ayunando cada día, ahora se dividen en grupos de quince o veinte, lo que quiere decir que todos los días esa cantidad de fieles ora, cada uno está apoyado por un escudo de oración extendido por otros dos intercesores.

Thomas Muthee opina que agregar intercesores formales al ministerio de La Cueva de Oración fue el punto decisivo en la batalla espiritual por Kiambu. Un número creciente de clientes de mamá Jane se convirtieron en cristianos y quemaron en público los amuletos y fetiches que habían comprado. El camino estaba ahora abierto para que Muthee diera un ultimátum público: «*O mamá Jane también se convierte y sirve al Señor o se va de la ciudad!* ¡*No hay en Kiambu espacio suficiente para ambos*» En palabras sencillas, Thomas Muthee desafió a mamá Jane a un encuentro de poder, de la misma manera que Elías desafió a los sacerdotes de Baal.

El encuentro de poder

Ahora, al correrse la voz, llegó a oídos de los funcionarios públicos que mamá Jane no parecía tener el poder de antaño. Sus clientes la avergonzaban al quemar en público los fetiches y renunciar a sus maldiciones. Algunos empezaban a señalar que no podía ser mera casualidad que la clínica Emanuel estuviera situada exactamente al lado del área donde ocurrían los más graves accidentes de tránsito. La gota que derramó el vaso ocurrió cuando tres jóvenes murieron en uno de los misteriosos accidentes. Los habitantes de la ciudad estaban furiosos. Sospechaban que era la magia negra de mamá Jane la que causaba los accidentes. ¡La querían apedrear!

Llamaron la policía y entraron a investigar la casa de mamá Jane. Se sobresaltaron al encontrar en uno de los cuartos la serpiente pitón más grande que habían visto. De inmediato la mataron a balazos. Esa acción natural hizo que la batalla espiritual finalizara. La policía interrogó a mamá Jane y más tarde la dejaron en libertad. Rápida y sabiamente optó por abandonar la ciudad. ¡En vez de cementerio de predicadores, Kiambu se transformó milagrosamente en cementerio de brujas!

No desechemos la importancia de la serpiente. Era el suceso en el mundo *visible* que reflejaba lo que estaba ocurriendo en el mundo *invisible*. Antes de arribar a Kiambu, Dios informó a Thomas Muthee que Brujería era el principado que gobernaba la ciudad, apoyado por gran cantidad de espíritus inferiores. El vehículo humano de Brujería era la hechicera mamá Jane, quien había blasfemado a Dios al llamar «clínica Emanuel» a su antro de iniquidad. A su vez se había convertido en la mujer más poderosa de Kiambu.

El apóstol Pablo se encontró en una situación similar cuando llegó a Filipos. La mujer más poderosa espiritualmente en Filipos era una muchacha esclava «que tenía espíritu de adivinación [o brujería]» (Hechos 16.16). Los detalles eran diferentes, pero después de un tiempo Pablo también provocó un encuentro de poder y dijo al espíritu: «Te mando en el nombre de Jesucristo, que salgas de ella» (v.18). La muchacha esclava perdió de inmediato sus poderes mágicos, muchos milagros se llevaron a cabo y se fundó una iglesia fuerte en Filipos.

¿Y la serpiente? La mayoría de nuestras traducciones usan la frase «espíritu de adivinación» o «espíritu de clarividencia», la cual es el nombre *funcional* del espíritu territorial sobre Filipos. Sin embargo, eruditos bíblicos nos dicen que una interpretación más literal del griego da al espíritu un nombre *adecuado*. Por ejemplo, Simón Kistemaker señala que la mejor manera de traducir el griego es «un espíritu, concretamente un pitón».[1] He aquí un indicio de la relación entre la serpiente en el mundo visible con los espíritus de hechicería en el mundo invisible. Es común que se usen con frecuencia serpientes para representar hechicería en el arte diseñado para glorificar lo demoníaco.

No es entonces una sorpresa para quienes conocen la guerra y la cartografía espiritual que una enorme pitón se haya encontrado en la casa de mamá Jane y que la muerte de la serpiente fuera el golpe final para su poder maligno en Kiambu.

¡La oración poderosa puede cambiar una ciudad!
El punto que intento resaltar en este capítulo es que la oración poderosa da resultado. El caso de La Cueva de Oración es un ejemplo convincente. La derrota espiritual de mamá Jane es muy

---

1. S.J. Kistemaker, *Exposition of the Acts of the Apostles* [Exposición de los Hechos de los apóstoles], Baker Book House, Grand Rapids, 1990, p. 594.

persuasiva, pero no del todo. ¿Qué efecto ha tenido este ministerio de La Cueva de Oración sobre la ciudad de Kiambu como un todo? Las cosas empezaron a cambiar rápida y dramáticamente cuando mamá Jane dejó la ciudad. Los ciudadanos incrédulos también reconocen la relación de causa y efecto entre el encuentro de poder y los cambios subsiguientes en la comunidad. La ciudad es ahora próspera en su economía. Se dice que los funcionarios de gobierno que una vez pagaban soborno para que no los asignaran a Kiambu, ahora lo pagan para lograr que los asignen. El crimen y la violencia en la ciudad, comparados con el promedio nacional, es ahora prácticamente cero. El jefe de policía visitó hace poco al pastor Muthee y le dijo que debido a lo que hizo por Kiambu se le concede permiso para predicar en cualquier lugar y tiempo que desee, y puede asimismo usar sin necesidad de autorización el volumen en los altavoces. Algunos de los criminales más conocidos de la ciudad son ahora salvos y miembros de La Cueva de Oración. Uno de los peores traficantes de drogas ha renunciado a tal conducta, está inscrito en la escuela bíblica, toca el contrabajo en el grupo de alabanza e invierte su tiempo libre en evangelizar pacientes en los hospitales.

El alcoholismo ha disminuido notablemente en Kiambu. Los intercesores hicieron caminatas de oración alrededor de los bares y la música estrepitosa es cosa del pasado. ¡Una de las discotecas ruidosas más destacadas es ahora una iglesia! Un pequeño valle cerca de la ciudad era conocido como guarida de contrabandistas de licores, que producían y vendían licor en el mercado negro. Los intercesores lo pusieron como blanco en caminatas de oración. ¡El sitio ahora está cerrado y La Cueva de Oración compró la propiedad para construir las nuevas instalaciones de la iglesia!

No olvide la causa central de estos cambios asombrosos en la ciudad de Kiambu, Kenia: La oración poderosa.

¿Qué pasó con los misteriosos accidentes automovilísticos? Como se puede haber imaginado, nunca más volvieron a ocurrir desde el día en que se destruyó al pitón simbólico y se derrotó a Brujería.

Finalmente el reino de Dios llega a Kiambu. Ya no hay hostilidades entre los pastores cristianos. El arrepentimiento y la reconciliación

---

No olvide la causa central de estos cambios
asombrosos en la ciudad de Kiambu, Kenia:
La oración poderosa.

---

están a la orden del día. Las iglesias de todas las denominaciones crecen ahora con tanta rapidez como en las demás regiones de Kenia. Los pastores comen y oran juntos con regularidad. En el tiempo en que se escribe este libro (1997), se está planificando la primera cruzada unida de evangelización, una como la que Kiambu jamás haya conocido.

No olvide la causa central de estos cambios asombrosos en la ciudad de Kiambu, Kenia: *La oración poderosa.*

ORACIÓN CON PODER EN ARGENTINA

Mamá Jane salió fácilmente comparada con dos casos de oración poderosa en Argentina. Mi esposa Doris y yo hemos trabajado muchos años con Ed Silvoso, autor de *That None Should Perish* [Que nadie perezca]. La primera temporada de ministerio fue en la ciudad de Resistencia, en la Argentina septentrional. Uno de los espíritus territoriales que tenía bajo su control a Resistencia era San La Muerte, el espíritu de muerte. Multitud de personas adoraban este espíritu porque les prometía «una muerte buena».

¡Piensen en la desesperación que se debe haber presentado en los corazones de quienes se aferraron a tal promesa! La Muerte recibía adoración en trece santuarios alrededor de la ciudad. Muchas personas tomaban una de sus imágenes, labradas en hueso humano, y se la hacían implantar quirúrgicamente bajo la piel. ¡Así, pensaban, fueran adonde fueran,se aseguraban una buena muerte,!

Se empezaron a ofrecer enormes cantidades de oración fervorosa en Resistencia después de los seminarios acerca de la intercesión, dictados por Doris, Cindy Jacobs, el pastor argentino Eduardo Lorenzo y otros. Cuando llegó el momento culminante de los sucesos evangelísticos, Doris y Cindy volaron a Resistencia y se encontraron con sorprendentes noticias. Una semana antes, la gran sacerdotisa del culto de San La Muerte había estado fumando en su cama. Se quedó dormida, la cama se prendió en llamas y las tres únicas cosas que se quemaron fueron el colchón, ella misma y la estatua de San La Muerte, ¡que estaba en otro cuarto! Las llamas no tocaron ninguna otra parte de la casa. ¡Quien prometía a otros una buena muerte tuvo una horrible para sí!

Es innecesario decir que la cosecha fue fabulosa en Resistencia. ¡En poco tiempo el número de creyentes se incrementó en un ciento dos por ciento! El espíritu de la muerte fue vencido por la oración poderosa y el reino de Dios se derramó en Resistencia.

HACEN FRENTE A LA HECHICERÍA EN MAR DE PLATA

El otro incidente argentino se llevó a cabo en la ciudad turística de Mar de Plata. Después de dirigir un seminario de oración y guerra espiritual, y de realizar una cuidadosa y concienzuda cartografía espiritual, Doris, Cindy, Eduardo Lorenzo y otros se sintieron guiados a organizar un equipo de pastores locales e intercesores para orar en la plaza central de la ciudad. Oraron durante un par de horas pidiendo a Dios que rompiera las fortalezas espirituales del lugar. Mientras oraban en voz alta de manera específica contra el espíritu de hechicería, el cual habían discernido que era la principal potestad sobre la ciudad, varios notaron que las campanas de la catedral repicaron exactamente a las cuatro de la tarde durante un período considerable.

Las noticias no les llegaron hasta el día siguiente, cuando las escucharon de labios de un pastor que había asistido al seminario, pero se sintió guiado a orar en casa, en vez de ir a la plaza. Sucede que la casa de este pastor estaba situada frente a la casa de Macumba, una bruja de Mar de Plata que se había jactado de unirse con otras brujas para lanzar ataques espirituales contra los pastores cristianos de la ciudad. Poco después de las cuatro de la tarde, el pastor vio una ambulancia llegar a la casa de la bruja, a la que sacaban muerta. Ella había gozado de buena salud, ¡pero algunos testigos afirman que murió de repente a las cuatro de la tarde sin causa aparente!

Cindy Jacobs comenta acerca del incidente: «Quedamos anonadados al oír este informe. A pesar de que no nos alegraga el hecho de que la mujer hubiese muerto, tuvimos plena conciencia de que Dios había enviado un claro mensaje de juicio a la hechicería».[2]

¿POR QUÉ INFLUYE LA ORACIÓN?

En el caso de Mar de Plata, la *actitud* de Dios contra la hechicería no cambió por la oración que se efectuó en la plaza. Sin embargo, si esta no se hubiera efectuado, la hechicería allí hubiera seguido como de costumbre, al menos de acuerdo con mi mejor entendimiento de la teología de oración. La oración en la plaza fue centrada, agresiva, intencional y llena de poder del Espíritu Santo. Fue la clase de oración de Elías. Lo mismo puede decirse de la oración en Resistencia y en Kiambu, Kenia. En cada caso la oración llevó la mano de Dios a mostrar su poder en el mundo visible. Aunque la oración no cambió la *actitud* de Dios, sí influyó en sus *acciones*.

¿Cómo se relaciona el acto humano de orar con la soberanía de Dios? Este es un asunto clave para entender la diferencia entre la oración en general y la oración *eficaz y ferviente*.

Una de las declaraciones que más me ayudó, cuando hace unos años me metí de lleno a estudiar y comprender la oración, fue el título de un capítulo del libro de Jack Hayford, *La oración invade lo imposible*: «Si no actuamos, Él no lo hará». Hayford no dijo: «Si no actuamos, Él no puede hacerlo. Esa sería una terrible teología. Dios es soberano y puede hacer cualquier cosa que desee. Sin embargo, aparentemente la soberanía de Dios ha decidido ordenar su creación de tal manera que muchas de sus acciones dependen de las oraciones de su pueblo. Es como si Dios tuviera un plan A que implementará si los creyentes oran. Si no lo hacen, Él tiene un plan B. El plan A es obviamente mejor para todo lo que concierne que el plan B. De acuerdo con el designio de Dios, la opción es nuestra. Si escogemos orar y lo hacemos con poder, vendrán más bendiciones y el reino de Dios se manifestará aquí en la tierra de modo más glorioso que si escogemos no orar.

---

2. C. Jacobs, *Conquistemos las puertas del enemigo*, Editorial Betania, Miami, FL, p. 115.

Me encanta la manera en que lo manifiesta Richard Foster, uno de los más grandes eruditos de oración en nuestra generación: «Estamos trabajando con Dios para determinar el futuro. Ciertas cosas sucederán en la historia si oramos correctamente».[3]

Cualquiera que dude de esto solo tiene que preguntar a Thomas Muthee, Cindy Jacobs o en todo caso a mamá Jane para despejar sus dudas y edificar la fe que pueda en verdad determinar la historia de nuestras ciudades y naciones.

PREGUNTAS DE REFLEXIÓN

1. Hable de la insinuación de que unas oraciones son poderosas mientras otras quizá no lo son. ¿Por qué no escuchamos muchas prédicas acerca de esto?

2. Vea si puede nombrar dos o tres respuestas tangibles a sus oraciones o a las de alguien que conoce. ¿Podría probar una relación científica de causa y efecto entre la oración y la supuesta contestación?

3. Thomas Muthee descubrió que el espíritu territorial sobre su ciudad se llamaba «Brujería». ¿Puede usted hablar de otro caso en que se conozca el espíritu sobre un área?

4. Algunas personas tal vez no crean que los espíritus que obraron donde mamá Jane sirvió no habrían tenido poder suficiente para ocasionar misteriosos accidentes en un lugar específico. ¿Cuál es su opinión?

OTROS RECURSOS

- *Oración de guerra* de C. Peter Wagner, Editorial Betania, Miami, FL, 1993. Este libro, primero de la Serie *Guerrero en oración*, ofrece más detalles acerca del experimento de guerra espiritual en Argentina.

---

3. Richard Foster, *Alabanza a la disciplina*, Editorial Betania, 1988 (p. 35 del original en inglés).

CAPÍTULO

DOS

La oración de doble vía: escuchar a Dios

EL NOMBRE DE CORRIE TEN BOOM SE HA VUELTO FAMILIAR ENTRE muchos cristianos debido a su vida ejemplar de fe siendo prisionera en un campo de concentración nazi en Holanda. Ella narra una historia sencilla que a la vez es una ilustración profunda de la que llamo «oración de doble vía».

Un día ella pescó un grave resfriado cuando estaba prisionera en el campo y se consternó porque no tenía pañuelo. Le dijo a su hermana Betsie, prisionera también, que necesitaba desesperadamente un pañuelo.

—¿Qué puedo hacer? —añadió.

—¡Puedes orar! —respondió Betsie.

Viendo que la respuesta de Corrie era solo una sonrisa condescendiente, Betsie tomó el asunto en sus manos y oró: «Padre, Corrie está resfriada y no tiene un pañuelo. ¿Podrías darle uno? En el nombre de Jesús. Amén».

Inmediatamente después Corrie escuchó que la llamaban por su nombre. En la ventana había una amiga que trabajaba en el hospital de la prisión. Le alcanzó un paquetito, ¡que cuando Corrie lo abrió quedó asombrada de ver que contenía un pañuelo!

—¿Por qué me traes esto? —preguntó Corrie a su amiga—. ¿Cómo sabías que yo estaba resfriada?

—No lo sabía —respondió la amiga—. Pero mientras estaba doblando pañuelos en el hospital, una voz en mi corazón dijo: «Llévale uno a Corrie ten Boom».

—¡Qué milagro! —fue el comentario de Corrie ten Boom— ¿Puedes entender lo que me dijo este pañuelo en ese momento? Me dijo que en el cielo hay un Padre amoroso que escucha cuando uno de sus hijos en este diminuto planeta pide algo pequeño e imposible: un pañuelo. Y que el Padre celestial dice a otro de sus hijos que le lleve un pañuelo a Corrie ten Boom.[1]

Regresemos al momento en que Thomas Muthee se encontraba en su punto más bajo en Kiambu, Kenya, cuando Dios le dijo que la única manera de seguir adelante era levantar un equipo de intercesores. Al igual que Betsie, la hermana de Corrie, Muthee elevó una sencilla oración: «Señor, estoy listo para hacerlo. ¿Cuáles son los intercesores que has escogido?» Como respuesta, Dios le dio a Thomas *los nombres* de los cinco intercesores que había escogido para el pastor.

¿PODEMOS ESCUCHAR LA VOZ DE DIOS?

Las historias precedentes son ejemplos vivos de individuos que oyen la voz de Dios como parte de sus vidas de oración. Escojo estas dos historias porque son sencillas. Las oraciones fueron directas y objetivas. Una la hizo un pastor y la otra una persona laica. La una fue de un hombre negro y la otra de una mujer blanca. Ninguno de los dos experimentaron luces titilantes ni sentimientos de éxtasis ni

---

1. Paráfrasis de la historia de Corrie ten Boom en *Miracles Happen When You Pray* [Suceden milagros cuando usted ora], de Quin Sherrer, Servant Books, Ann Arbor, MI, 1996, pp. 23-24 de la parte 1 del manuscrito.

apariciones angelicales ni la embestida de un viento sonoro y recio. En ambos casos un Padre amoroso habló a sus hijos en un susurro tranquilo. En un caso habló directamente a la persona que oró y en el otro habló a una tercera persona. Aquellos a quienes habló tenían oídos espirituales para oír, además del deseo de obedecer lo que oyeron. ¿El resultado? ¡Fabulosas bendiciones!

Además, la voz de Dios en ambos incidentes fue tan clara y específica que no podían dudar de su fuente. De acuerdo, algunas veces la voz de Dios es un poco vaga; a veces habla en parábolas que necesitan interpretación; algunas veces nos da una respuesta parcial y espera que tengamos paciencia antes de recibir el resto. Aunque en el caso del pañuelo, por ejemplo, el Señor dio una orden específica para que se cumpliera inmediatamente de una manera específica. ¡Aquí no hay lugar para la equivocación!

Así debe ser la oración. Como lo mencioné antes, la esencia de la oración es una relación personal entre dos personas o intimidad con el Padre. Nuestra relación con Dios no es solo una amistad íntima, es familiaridad. Por ejemplo, yo quiero a mi pastor Ted Haggard y él me quiere. Algunas veces él se refiere a los seis mil miembros de la Iglesia Nueva Vida, de la cual es pastor, como su «familia». Sin embargo, esta es una metáfora que no se debe tomar al pie de la letra. Ted Haggard tiene una familia, en el sentido real de la palabra, y su lugar primordial de reunión no es la iglesia sino su hogar. Puesto que nunca he estado en ese hogar, ni sé dónde está, obviamente no pertenezco a esa familia. ¡Nunca he visto al pastor Ted en pijamas!

REUNIÓN CON DIOS EN LA SALA

Sin embargo, Dios nos dice que es nuestro Padre. Cuando le hablamos, lo hacemos como si tanto Él como nosotros estuviéramos en la sala de nuestra casa. Tuve una relación maravillosa con mi propio padre que ahora está con el Señor. Durante los últimos quince años de su vida él vivió en Massachusetts y yo en California. Habitualmente lo llamaba por teléfono todos los domingos. Cuando lo hacía, yo no hablaba y hablaba para luego colgar. Yo hablaba un poco y después escuchaba lo que mi padre decía, entonces volvía a hablar y a escuchar y así sucesivamente. Esto es lo más natural para un padre y su hijo.

¿Por qué debemos esperar que sea diferente con nuestro Padre celestial? Muy a menudo conducimos nuestra vida de oración como si el cielo fuera un enorme banco telefónico a donde llamamos y dejamos recado para Dios. Eso no es lo que Él quiere. Él quiere que le escuchemos cuando dice algo así como: «Dale un pañuelo a Corrie ten Boom».

Me gusta como lo dice el pastor Bill Hybels de la Iglesia Comunitaria Willow Creek en South Barrington, Illinois: «Usted no puede edificar una relación basado en monólogos. Se necesita contacto frecuente, continuo e íntimo entre dos personas en el que ambas hablan y ambas escuchan ... Escuchar a Dios a través de su Santo Espíritu no es solo normal, sino esencial».[2]

Debo admitir que no siempre supe esto. Los círculos cristianos en que me movía no enfatizaban la oración de doble vía. Por años no estuve en la situación de poder escuchar la voz de Dios como lo hiciera Thomas Muthee o la amiga de Corrie. No importaba que fuera ministro ordenado, profesor de seminario o autor de varios libros cristianos. Nadie me enseñó en el seminario lo que muestro en este capítulo.

Aprender a escuchar la voz de Dios fue par mí un largo proceso, debido a que era un cambio radical de mi pasado. Recuerdo que entre mis amigos íntimos y colegas en quienes confiaba, el primero que empezó a oír claramente la voz de Dios fue John Wimber. Él me animó a empezar experimentando la diferencia entre mis propios pensamientos y lo que el Padre intentaba decirme. Nunca olvidaré el efecto que me causó una declaración del pastor Jack Hayford en *Glory on Your House* [Gloria en tu casa], el libro que escribió acerca de su iglesia, La Iglesia en el Camino, en Van Nuys, California.

---

2. B. Hybels, *Too Busy Not To Pray* [Demasiado ocupado para no orar], InterVarsity Press, Downers Grove, IL, 1988, pp. 109-110.

«SUS PALABRAS TEXTUALES FUERON...»

Hayford escribe: «Y aun cuando digo que el Señor me ha hablado, quiero decir algo más específico que la revelación general o las impresiones interiores privadas. Reservo a propósito esos mensajes para las ocasiones raras y especiales en que el Señor me ha hablado directamente en mi espíritu. No quiero decir: "Tengo la impresión..." o "siento de alguna manera..." En vez de eso, quiero decir que en determinado momento, casi siempre cuando menos lo espero, el Señor me habla en palabras. Esas palabras son tan distintas que prácticamente me siento capaz de decir: "Sus palabras textuales fueron..."»[3]

Seguramente la mayoría de los que leen este capítulo estarán de acuerdo en que podemos y debemos practicar la oración de doble vía y escuchar la voz de Dios. Sin embargo, no todos estarán de acuerdo. Jack Hayford me pudo haber convencido, pero quizás no ha convencido a otros de que podemos en verdad escuchar las mismísimas palabras de Dios.

En realidad la evidencia creciente revela que este asunto puede ser una de las más importantes barreras que quedan entre los carismáticos y los evangélicos tradicionales. Después de concordar en niveles de tolerancia relacionados con la oración por los enfermos, echar fuera demonios, hablar en lenguas, levantar las manos en la iglesia y caer bajo el poder del Espíritu, escuchar la voz directa de Dios es todavía un asunto no negociable para algunos.

¿UNA BARRERA IMPORTANTE?

Hablando de Jack Hayford, hace poco dio un paso gigantesco para ayudar a remover las barreras entre carismáticos y evangélicos tradicionales cuando escribió *La belleza del lenguaje espiritual*; todo el libro se enfoca en hablar en lenguas. En él Hayford plantea de manera natural el asunto, preferido para los de pentecostales clásicos y otros, de si hablar en lenguas se debe considerar como la

---

3. Jack Hayford, *Glory on Your House* [Gloria en tu casa], Chosen Books, Grand Rapids, 1982, edición revisada, 1991, p. 139.

evidencia física inicial de recibir el bautismo en el Espíritu Santo. Su conclusión, basada en su entendimiento de la Biblia, es que quienes han sugerido que hablar en lenguas es la evidencia física inicial han levantado «una barrera no deliberada pero restrictiva».[4] Hayford cree, como lo han sostenido ampliamente los evangélicos no carismáticos, que otras evidencias diferentes de hablar en lenguas pueden confirmar que un creyente está lleno del Espíritu Santo.

Poco después de que Hayford publicara su libro se ofreció al pastor Chuck Swindoll la presidencia del Seminario Teológico Dallas, una institución ampliamente conocida por su seria preocupación acerca de teología y práctica carismática-pentecostal. La revista *Christianity Today* [El cristianismo de hoy] realizó una importante entrevista con Chuck Swindoll y el entrevistador estuvo sondeando aspectos teológicos que podrían revelar posibles cambios que Swindoll implementaría una vez que llegara a convertirse en presidente. Swindoll fue diplomáticamente evasivo en sus respuestas hasta que el entrevistador hizo la siguiente pregunta:

«Hayford dice en *La belleza del lenguaje espiritual* que hablar en lenguas no es una precondición necesaria para la llenura en el Espíritu. Si ese es el caso, ¿cuáles son las barreras entre evangélicos y carismáticos?»

La respuesta de Swindoll, viniendo de tan sumamente respetado líder evangélico, despejará toda duda de que escuchar a Dios continúa siendo un asunto central para muchos:

«La barrera *primordial* sería la revelación extrabíblica. Ahora, Jack es un buen amigo y lo quiero de verdad. Él me enseñó sobre la adoración más que ninguna otra persona. Pero pienso que habría espacio en su teología para la revelación extrabíblica de que *Dios habla fuera de las Escrituras y más allá de ellas*. Tengo problemas con eso» (cursivas mías).[5]

---

4. Jack Hayford, *La belleza del lenguaje espiritual*, Editorial Betania, Miami, FL, 1993 (p. 92 del original en inglés).

5. «Dallas, nueva dispensación», entrevista de Michael G. Maudlin, *Christianity Today* [El cristianismo de hoy], 25 de octubre de 1993, p. 15.

EL CAMBIO DE PARADIGMAS DE JACK DEERE

En mi opinión, la mejor respuesta a esta pregunta clave acerca de si podemos recibir información válida de Dios fuera de las Escrituras proviene de Jack Deere, quien por muchos años desempeñó una distinguida carrera como profesor del Antiguo Testamento en el Seminario Teológico Dallas.

Durante su estadía en el seminario enseñó a sus estudiantes que Dios no se compromete en actividades revelatorias en la época actual. La revelación de Dios está contenida en los sesenta y seis libros de la Biblia, y oír hoy día la voz de Dios significa interpretar correctamente las Escrituras. Existió un entendimiento tácito entre él y varios de sus colegas que consideraron deshonroso decidir o decir algo atribuyéndolo a «Dios me dijo». Quienes quisieron ser más técnicos catalogaron tal declaración de «epistemología peligrosa».

Cinco años antes de que Chuck Swindoll se convirtiera en presidente del Seminario Dallas, Jack Deere fue obligado a salir de la facultad porque había cambiado los moldes y roto los tabúes del seminario al asistir a una iglesia de la Comunidad Cristiana Vineyard. Al ya no ser un cesacionista (que cree que los dones milagrosos del Espíritu cesaron con la era apostólica), se le consideró imcompatible con uno de los dogmas de fe más importantes del seminario. Posteriormente Deere escribió un magistral libro, *Surprised by the Power of the Spirit* [Sorprendido por el poder del Espíritu], en el que defiende los ministerios contemporáneos de sanidad, liberación y milagros. Cuando originalmente esbozó el libro, planeó incluir una sección acerca de escuchar la voz de Dios. En vez de eso lo mencionó solo en un epílogo. ¿Por qué?

Deere manifestó a medida que escudriñaba las Escrituras, oraba fervientemente y organizaba sus pensamientos acerca de oír la voz de Dios: «[Un] capítulo se convirtió rápidamente en dos, luego en tres y entonces me di cuenta de que había empezado otro libro».[6] Como antecedente a esto escribió a sus lectores: «La más

---

6. J. Deere, *Surprised by the Power of the Spirit* [Sorprendido por el poder del Espíritu], Zondervan Publishing House, Grand Rapids, 1993, p. 215.

difícil transición en mi peregrinaje no fue aceptar que la Biblia enseña que Dios sana y hace milagros hoy día a través de creyentes con dones. Lo que más resistía y me asustaba, y que me costó más convencerme fue aceptar que Dios aún *habla hoy día*» (cursivas suyas).[7] El resultado de este proceso fue la publicación de un segundo libro de ochenta páginas más que el primero, en el cual, al menos en mi opinión, elimina todo argumento bíblico, teológico, histórico y epistemológico contra la posibilidad de que hoy día Dios habla y que escuchamos su voz: *Surprised by the Voice of God* [Sorprendido por la voz de Dios].

No conocemos ningún líder cristiano respetable que crea que Dios habla hoy día, que no equipare lo que oye o lo que otros oyen con las Escrituras.

Jack Deere y yo concordamos que es digna de elogios la *motivación* en los corazones de quienes no creen en la revelación divina del presente. Nos unimos a ellos en el sincero deseo de afirmar la única autoridad de la Palabra escrita de Dios en la Biblia. Retrocediendo, Deere dice que lo que más lo asustaba era: «Si yo admitiera que Dios todavía habla aparte de la Biblia, ¿no estaría abriendo de nuevo el canon de las Escrituras?»[8]

Ahora Jack reconoce que sus temores eran infundados porque no conocemos ningún líder cristiano respetable que crea que Dios habla hoy día, que no equipare lo que oye o lo que otros oyen con las Escrituras. Él lo resume al decir: «Hoy día, después de años de experiencia práctica y de intenso estudio en el tema de que Dios habla, estoy convencido de que Dios en verdad habla aparte de la Biblia, *aunque nunca en contradicción con ella*» (cursivas mías).[9]

---

7. *Íbid.*, p. 212.
8. *Íbid.*, p. 213.
9. *Íbid.*, p. 214.

PROFECÍAS Y PROFETAS

Hasta ahora no he usado el término «profecía», aunque está directamente relacionado con la oración de doble vía y con escuchar la
voz de Dios. Si Dios no habla hoy día, por consiguiente ya no existen
más los profetas. La profecía tiene la característica de ser uno de los
dos únicos dones espirituales (el otro es la enseñanza) que se
mencionan en todas las tres listas principales de dones: 1 Corintios
12, Romanos 12 y Efesios 4. Defino la profecía de la siguiente
manera: «El don de la profecía es la habilidad especial que Dios da
a ciertos miembros del Cuerpo de Cristo para recibir y comunicar
un mensaje inmediato suyo a su pueblo mediante una expresión
divinamente ungida».[10]

Vivimos una época en que se reconoce cada vez más la profecía
en el Cuerpo de Cristo. El argumento de que Dios no habla fuera
de la Biblia podría muy bien pertenecer a alguna lista de «doctrinas
en vía de extinción». Tan bien como puedo calcular, el resurgimien-
to de la profecía bíblica y de los movimientos proféticos empezaron
alrededor de 1980 y desde entonces se han venido levantando
rápidamente.

El de Jack Deere no es el único libro que ayuda a estimular este
movimiento. El profesor Wayne Grudem, del Instituto Evangélico
de Teología Trinity, en Deerfield, Illinois, da una sólida base bíblica
en *The Gift of Prophecy in the New Testament and Today* [El don de
la profecía en el Nuevo Testamento y en el presente] (Crossway
Books). Uno de los libros que más ayudaron en mi cambio de
paradigmas en la década de los ochenta fue *Prophets and Personal
Prophecy* [Profetas y profecía personal] de Bill Hamon, presidente
de la Cadena Internacional Cristiana.

Mike Bickle, pastor de la Comunidad Cristiana de Kansas City
Metropolitana, es reconocido por muchos como el más destacado
pastor para profetas. Da a conocer su sabiduría refinada con los años

---

10. Véase una explicación de esta definición en mi libro *Your Spiritual Gifts Can
   Help Your Church Grow* [Sus dones espirituales pueden ayudarle en el
   crecimiento de su iglesia], Regal Books, Ventura, CA, 1979, edición revisada, 1994, pp. 200-203.

en *Growing in the Prophetic* [El crecimiento en lo profético]. Uno de los libros más recomendados por quienes participan activamente en ministerios proféticos es *La voz de Dios* de Cindy Jacobs. Es notable la combinación del erudito, teólogo y teórico Jack Deere con la intercesora y profesional Cindy Jacobs. Los dos juntos, ambos buenos amigos míos, proveen una guía digna de confianza para quienes desean explorar el sendero de la profecía contemporánea, un viaje todavía poco conocido para muchos, entre los que me incluyo. Me encantan los títulos de esos dos libros que se publicaron con una diferencia de un año. Jack, el antiguo cesacionista, está *Sorprendido por la voz de Dios*. Cindy, que ha escuchado la voz de Dios desde los cuatro años de edad, no se sorprende en lo absoluto. Ella sencillamente llama a su libro *La voz de Dios*.

La Nueva Reforma Apostólica

En estas páginas le estoy dando considerable énfasis a la profecía porque siento que estamos viviendo en medio de un movimiento extraordinario de Dios. Se ha vuelto evidente desde hace poco que el segmento de más rápido crecimiento del cristianismo en los seis continentes es el movimiento que denomino Nueva Reforma Apostólica. Este incluye entre muchos otros: iglesias independientes africanas, iglesias en hogares chinos, iglesias comunes latinoamericanas, carismáticos independientes y muchas congregaciones locales que todavía operan en tradicionales estructuras denominacionales. Una de las características más innovadoras de este movimiento (aunque podrían existir varias excepciones) es el restablecimiento de los *oficios* neotestamentarios de profeta y apóstol.

Muchas de estas iglesias tienen un firme deseo de implementar de manera práctica lo que muchos de ellos llaman «el ministerio quíntuple» de Efesios 4.11: apóstoles, profetas, evangelistas, pastores y maestros. Señalan que la mayoría de las iglesias han funcionado por años utilizando evangelistas, pastores y maestros, pero por razones consideradas ahora inadecuadas por los líderes de la Nueva Reforma Apostólica, han decidido no reconocer apóstoles y profetas.

Como ya lo mencioné, creo que la aceptación del oficio de profeta empezó a difundirse con rapidez a través del Cuerpo de Cristo después de 1980. De la misma manera, creo que el restablecimiento del oficio de apóstol empezó en un proceso similar después de 1990. El pastor David Cannistraci de la Comunidad Cristiana Evangélica de San José, California, publicó un excelente libro de texto que utilizo en mis clases: *The Gift of Apostle* [El don de apóstol] (Regal Books). Bill Hamon, a quien mencioné antes, escribió ahora un nuevo libro titulado *Apostles & Prophets and Coming Moves of God* [Apóstoles y profetas y los próximos movimientos de Dios] (Destiny Image Publishers).

RECONOCIMIENTO DEL OFICIO DE PROFETA

Mi propósito en este capítulo titulado «La oración de doble vía: escuchar a Dios», es explicar el oficio de profeta. Puesto que esto es nuevo para gran parte de la Iglesia contemporánea, se espera que por algún tiempo se discutan y se debatan ciertos asuntos y que varios líderes lleguen a algunas conclusiones. Uno de estos asuntos es si se deben usar los títulos tales como apóstol fulano y profeta zutano.

La discusión no es si se deben reconocer las funciones o ministerios de apóstoles o profetas, sino si se deben establecer formalmente individuos en esos oficios y usar títulos como lo hacemos con los otros oficios de Efesios 4.11, tales como evangelista Billy Graham, pastor Robert Schuller o profesor y doctor Peter Wagner.

Mike Bickle está entre los más cautelosos. Su iglesia, el hogar espiritual de lo que algunos han llamado «Profetas de Kansas City», fue duramente criticada en los medios de comunicación por quienes todavía no aceptan ministerios proféticos de distinción. Por consiguiente, Bickle trató de desarrollar una vía de comunicación de la manera más inofensiva posible, y por tanto dice: «No me gusta etiquetar a la mayoría de los que profetizan como «profetas».[11]

---

11. M. Bickle, *Growing in the Prophetic* [Crecimiento en lo profético], Creation House, Orlando, FL, 1996, p. 123.

En vez de eso, en su iglesia Bickle clasifica las «personas con dones proféticos» en cuatro niveles: Nivel uno: «Profeta sencillo»; nivel dos: «Don de profeta»; nivel tres: «Ministerio de profeta»; y nivel cuatro: «Oficio de profeta».[12] Él no niega claramente la existencia del oficio de profeta, pero dice que personalmente conoce pocas personas (más que todo conoce «profetas» en potencia) dignas de tal designación.

Por cierto, Mike Bickle dice: «Pienso que la Iglesia se hace daño propio cuando permite que individuos se identifiquen rápidamente como "apóstoles" o "profetas" solo porque consideran que lo son».[13]

Cindy Jacobs está de acuerdo. Ella dice: «Años antes de que en realidad fuera establecida en el oficio de profeta, las personas me preguntaban: "¿Eres una profetisa?" Cada vez que me hacían esa pregunta, yo contestaba: "No. No lo soy. Lo sabré cuando Dios me establezca en el oficio"».[14] Para los individuos una cosa es reconocer el hecho de que oyen de Dios con más frecuencia y exactitud que la mayoría. Sin embargo, otra cosa es añadir a eso el carácter piadoso y la madurez mental, como lo dice Mike Bickle, que hace que sus iguales concuerden en que esa persona merece la designación de «profeta».

Esto sucedió finalmente a Cindy Jacobs en una época de poderosa intercesión colectiva, cuando escuchó la voz de Dios que le hablaba a su corazón: «Cindy, esta noche te establezco como profetisa para las naciones». Tal vez ella misma no lo hubiera anunciado a los demás a no ser porque el director de la reunión empezó más tarde a orar específicamente por Cindy y entre otras cosas le profetizó: «El Señor dice: "Esta noche te levanto como profetisa para las naciones"».

Jacobs dice: «Es difícil de describir, pero de esa noche en adelante yo fui diferente».[15] No obstante, ella prefiere no usar el título de «profeta» o «profetisa», principalmente para evitar malinterpretaciones de parte de creyentes que aún no están seguros de que

---

12. *Íbid.*, p. 120.
13. *Íbid.*, p. 123.
14. C. Jacobs, *La voz de Dios*, Editorial Betania, Miami, FL (p. 180 del original en inglés).
15. *Íbid.*

el oficio neotestamentario de profeta está vigente hoy día. Creo que en un tiempo relativamente corto se evaporará esta inhibición.

DIOS SE COMUNICA DE VARIAS MANERAS

Cuando esperamos escuchar a Dios, al practicar la oración de doble vía, debemos estar preparados para «oírle» de varias maneras. Dios no se limita a la comunicación verbal. A mi entender, Jack Deere clarifica esto más concienzudamente que nadie. Él explica que Dios a veces utiliza medios sobrenaturales para hablarnos, tales como los que Deere llama voces audibles: la voz audible solo para usted, la voz interior audible y la voz de ángeles. Dios usa también medios naturales como sueños, visiones, trances, fragmentos de frases, palabras sencillas, impresiones y mensajeros humanos.[16]

Mis propias experiencias en escuchar la voz de Dios son más sosegadas. Aún no he escuchado la voz audible de Dios ni he recibido comunicación a través de un sueño o una visión. Al orar cada mañana, por ejemplo, hago una pausa de vez en cuando para ver lo que Dios podría traer a mi mente. Pienso que cada vez estoy más y más capacitado para saber lo que ocurre. Quiero ser una de las ovejas que reconocen la voz de su Pastor. En otras ocasiones, muy raras por cierto, parece que el poder de Dios me llega más bien de una manera muy especial y estoy seguro que lo que llega a mi mente no es otra cosa que la voz de Dios.

Esto sucedió, por ejemplo, cuando me disponía a escribir *Iglesias que oran*, el tercer volumen de la Serie *Guerrero en oración*. Fue una experiencia tan clara que todavía recuerdo dónde sucedió: en el cuarto de un motel en Portland, Oregón. Dios me dijo allí que no iba a escribir *Iglesias que oran* porque yo todavía no estaba listo. En vez de eso, yo debía agregar un cuarto volumen acerca de cartografía espiritual a una serie que se proyectó inicialmente con tres volúmenes.

---

16. J. Deere, *Surprised by the Voice of God* [Sorprendido por la voz de Dios], Zondervan Publishing House, Grand Rapids, 1996. Estas formas de oír a Dios se explican en los capítulos 9 y 10.

Tengo que reconocer que esta es una paráfrasis, pero así es como la recuerdo:

—Quiero que escribas un libro sobre cartografía espiritual —dijo Dios.

—Pero Señor —repliqué—. No sé lo suficiente sobre ese tema como para escribir un libro completo.

—Lo sé —contestó—, pero conoces las personas que saben lo suficiente. Sabes lo necesario para escribir un capítulo y los otros escribirán el resto del libro.

Tan pronto como Dios dijo esto supe que se estaba refiriendo a las personas con quienes estuve en contacto mientras fui el coordinador de la Cadena Internacional de Guerra Espiritual. Tomé mi bloc amarillo, empecé a escribir bajo la unción especial del Espíritu Santo, y probablemente en menos de media hora tenía el bosquejo de lo que llegó a ser *La destrucción de fortalezas en su ciudad*. Esta era la primera vez que recibía la visión y el diseño para un libro a través de la audición directa de la voz de Dios. Hasta ahora ha sido la única vez.

Esto no significa que *La destrucción de fortalezas en su ciudad* sea un libro escrito bajo la inspiración divina. Digo de nuevo que recibir un mensaje de Dios nunca se debe confundir con la Escritura ni presentarlo en un plano igual. Para probarlo, déjeme hacer una confesión. Creo firmemente haber escuchado la voz de Dios en el cuarto del motel, pero solo estaba seguro en un noventa por ciento. En mi bosquejo inicial incluí diez capítulos, pero más adelante Dios me mostró, esta vez mediante colegas dignos de confianza, que aunque el manuscrito se había escrito, corregido y diseñado, se le debía suprimir un capítulo y que tendría solo nueve. Suprimirlo fue un proceso doloroso que me pude evitar si en ese momento hubiera tenido mis oídos espirituales más afinados.

¿INDIVIDUAL O COLECTIVO?

La experiencia me ha demostrado que quienes empiezan a comprender que la oración de doble vía es una realidad, y que Dios en verdad nos habla hoy día, prefieren limitarse a escuchar a Dios de manera individual más bien que en sentido colectivo. Algunos de ellos ponen límites cuando creen que tal vez reciben un mensaje de Dios que se aplica a otra persona, grupo, ministerio, iglesia, ciudad, nación, etc.

Es importante reconocer que la respuesta de Dios a la oración de doble vía puede ser colectiva o individual.

Mike Bickle describe esto muy bien: «Por lo general las personas no tienen problema con la mujer en el grupo de oración que siente la carga de orar por alguien, que siente que el Espíritu Santo la guía en su oración y que afirma que Dios está "estampando" algo en su corazón. Pero si ella habla durante el culto dominical y en voz alta proclama su revelación intercalada con "Así dice el Señor", puede obtener una respuesta considerablemente diferente», por no decir algo peor. Algunas iglesias que conozco le darían el legendario puntapiés congregacional si lo hace muy a menudo. Aunque, como lo dice Bickle: «He aquí las mismas palabras y el mismo mensaje, pero expresado de manera diferente».[17]

Es importante reconocer que la respuesta de Dios a la oración de doble vía puede ser colectiva o individual. Me gusta el subtítulo del libro de Cindy Jacobs, *La voz de Dios: Cómo hoy día habla Dios personal y colectivamente a sus hijos*. Si es personal, puede ser para una guía general o para una situación específica. Los creyentes parecen tener menos problemas con el mensaje de guía general que con el de situación específica.

Un ejemplo bíblico para una guía general sería el muy conocido «llamado macedonio». Esta vez Dios utilizó una visión para comunicarse con Pablo. Un hombre de Macedonia se le apareció y le dijo sencillamente: «Pasa a Macedonia y ayúdanos» (Hechos 16.9). Esto es todo lo que Pablo necesitaba para llevar su equipo de fundadores

---

17. Brickle, *Growing in the Prophetic* [Creer en lo profético], p. 101.

de iglesias a Macedonia. En lo particular él estaba listo para tan claro mensaje porque justo antes de esto pensó que el Señor lo enviaba a Asia y se equivocó. Entonces pensó que el Señor lo enviaba a Bitinia y se equivocó de nuevo. Debo decir que consuela saber que hasta el famoso Pablo no escuchó correctamente a Dios todas las veces.

Felipe recibió un mensaje individual más específico a través de un ángel en medio de un avivamiento en Samaria: «Levántate y ve hacia el sur, por el camino que desciende de Jerusalén a Gaza, el cual es desierto» (Hechos 8.26). Felipe obedeció, vio un carruaje y esta vez el Espíritu Santo, no un ángel, le dijo: «Acércate y júntate a ese carro» (v.29). Estas citas bíblicas aparecen con suficiente frecuencia como para llevar a muchos de nosotros a creer que Dios podría hacer eso mismo hoy día. Déjeme darle un ejemplo fascinante.

MUERTE PARA MORRIS CERRULLO

Mi amigo Morris Cerrullo narra un incidente de hace varios años en Haití, en que escuchar la voz de Dios le pudo haber salvado la vida. Lo había invitado allí a dirigir una campaña evangelística nadie más ni menos que François «Papá Doc» Duvalier, el dictador de esa época. Al llegar se encontró con que los hechiceros del vudú habían arrancado las pancartas de la cruzada que habían en los postes, las habían llevado a sus casas y las habían cruzado con alfileres para sellar las maldiciones vudú contra Morris. Un gran grupo de senadores, comerciantes y otros dignatarios lo recibieron en el aeropuerto. El gobierno había provisto toda una caravana de vehículos para llevarlo al palacio de gobierno y después a su hotel.

Cuando se acomodó en el asiento trasero de la limusina principal, Morris Cerrullo contrajo un terrible dolor en la boca del estómago. El dolor empeoraba cada vez más hasta que se hizo insoportable. Dijo entonces a su director de alabanza:

—Dile al conductor que se salga de la caravana y me lleve al hotel.

—No puede hacerlo —fue la respuesta—. El presidente nos ordenó ir al palacio.

—¡Sáqueme de aquí! ¡No cuestione! —Cerrullo levantó la voz lo suficiente para sorprender al senador que estaba sentado frente a él. El automóvil volteó en la calle siguiente y se apresuró hacia el hotel. Una vez en su cuarto, empapado en sudor, Cerullo se tendió en el piso e hizo una oración sencilla:

—Dios, ¿qué pasa?

Entonces escuchó la voz de Dios que decía:

—Hijo, he permitido que esto ocurra por una razón. Quise que salieras de la caravana de tal manera que tenga toda tu atención para hablar contigo.

¡En ese momento el dolor cesó completamente en el cuerpo de Morris!

—¿Qué quieres de mí, Señor? —dijo Cerrullo, todavía tendido en el suelo.

—¡Quiero decirte que trescientos hechiceros van a ir esta noche a la cruzada para matarte!

—Está bien —respondió Morris—. Estoy consagrado a morir. ¿Qué se supone que debo hacer ahora? ¿Quieres que muera como mártir?

—No —respondió Dios—. En vez de eso te voy a decir cómo identificarlos.

En ese momento Dios procedió a mostrarle el color de la ropa de los hechiceros del vudú y le enseñó cómo sacarlos de la multitud.

—Hijo —le dijo Dios después—, las palabras que digas esta noche serán como si yo se las hubiera hablado a ellos. Haré que suceda lo que digas.

Esta es a las claras un mensaje guía de Dios para una situación específica que puedo imaginar. ¿Qué sucedió?

El desafío a un encuentro de poder

Cuando Morris Cerrullo se paró ante las quince mil personas en el coliseo se dio cuenta de que mezclados entre la audiencia ciertos individuos empezaban a cantar consignas con voz suave. Cerrullo pidió orden y se silenciaron. Pronto empezaron de nuevo y el espectáculo se repitió varias veces. El tono de la batalla en el invisible mundo espiritual se incrementaba con rapidez. ¡El intérprete del lenguaje criollo, un estudiante de escuela bíblica, estaba tan asustado que mojó los pantalones! En el punto más álgido de la tensión, Cerrullo estaba listo para el encuentro de poder, así como Elías lo estuvo en el Monte Carmelo.

—Pueblo de Haití —anunció—, esta noche hay aquí cientos de hechiceros. Han venido a matarme. Ustedes se preguntarán: «¿Cómo lo sabe?» Lo sé porque el Dios vivo me lo dijo. Ahora, hechiceros, escúchenme. Sé exactamente quiénes son y dónde están sentados. ¡El Dios vivo me lo mostró!

Entonces Cerrullo empezó a señalarlos uno por uno.

—¡Esta noche vamos a averiguar si el diablo al que ustedes sirven tiene más poder que el Dios a quien sirvo! —dijo Morris y se dirigió luego a los dignatarios y sus esposas que estaban en la plataforma—. No seré responsable por lo que va a suceder ahora.

De nuevo se volvió a los hechiceros.

—Si ustedes abren la boca una vez más —les dijo—, ¡no seré responsable de que los saquen muertos de esta reunión! A partir de ese momento nadie cantó consignas, habló o se movió en abosoluto.

«¡Dios mío! ¡Ese es mi vecino!»

Después de que Cerrullo había predicado durante veinte minutos se escuchó un grito en la parte trasera del coliseo. Se inició un alboroto y la multitud pasaba por sobre las cabezas a un niño de cuatro o cinco años de edad hacia la plataforma.

—¡Gritan que el niño nació ciego y que ahora puede ver! —dijo el intérprete—. Lo llevaron a la plataforma porque no sabían qué hacer.

Pronto el padre y la madre del niño avanzaron a empujones entre la multitud y llegaron a la plataforma. ¡Su hijo estaba totalmente sano! Fue entonces cuando un general del ejército vestido de gala y que estaba en la plataforma prácticamente saltó de su asiento, se colocó las manos en la cabeza y gritó: «¡Dios mío! ¡Ese es mi vecino!»

La cruzada se extendió mañana, tarde y noche durante tres semanas, ya que grandes cantidades de personas se acercaban para ser salvas y sanas. Quedó claro para todos que el Dios vivo a quién Morris Cerrullo había ido a predicar era sumamente poderoso.[18]

Pregunta: ¿Qué pudo haber pasado si Morris Cerrullo no se hubiera preparado en la oración de doble vía antes de ir a Haití? La inmensidad del desastre potencial no cabe en nuestra imaginación.

MENSAJES COLECTIVOS DE DIOS

El capítulo 14 de 1 Corintios no se enfoca en la profecía personal sino en los mensajes proféticos dados a la congregación entera. Debido a la naturaleza pública de esta clase de ministerio, muchas iglesias locales que estimulan el don de la profecía establecen guías para mantener el orden y la credibilidad. Con frecuencia estas profecías son devocionales e inspiradoras. Otras veces son direccionales.

Es innecesario decir que los profetas responsables que reciben mensajes direccionales para una iglesia o grupos similares siempre hablan de antemano con el liderazgo. Si los líderes no están de acuerdo, no está permitido decir el mensaje hasta que se pongan de acuerdo. En la iglesia local los profetas se somenten humildemente y con buena disposición ante la autoridad del pastor.

Aunque no soy pastor de una iglesia, mi esposa Doris y yo dirigimos un ministerio: Ministerios de Cosecha Mundial. Hemos vivido en Pasadena, California, por casi un cuarto de siglo y teníamos la intención de quedarnos allí por el resto de nuestras vidas. Sin embargo, dos personas de nuestro equipo de intercesores personales, Cindy Jacobs y Jean Steffenson, nos dieron en dos ocasiones separadas un mensaje del Señor de que pronto nos estaríamos mudando a Colorado Springs. Honestamente pensamos que habían errado como lo hizo Pablo cuando pensó que debía ir a Bitinia. Debimos poner más atención. Mudamos Ministerios de Cosecha Mundial a Colorado Springs donde ahora participamos de la fundación del Centro Mundial de Oración. A decir verdad, este es el

---

18. La historia de Morris Cerrullo en Haití se tomó de una grabación en video de su mensaje dado en su Escuela de Guerra Espiritual en el Ministerio, en Chicago, 4 de julio de 1996.

primer libro que escribo en nuestro nuevo hogar en Colorado Springs.

El mensaje de Dios que Cindy y Jean tuvieron fue colectivo y afectó el futuro de todo un ministerio exactamente como los mensajes de otros que pueden afectar a toda una iglesia. Ellas fueron prudentes en la manera en que me dieron el mensaje y oraron para que se cumpliera en el tiempo de Dios. Mi esposa y yo estamos agradecidos de que estas dos intercesoras, así como muchos otros, tuvieran experiencias al practicar la oración de doble vía. Si todavía no se ha vuelto parte de su vida de oración, espero que lo sea pronto. Usted y los suyos recibirán las bendiciones.

PREGUNTAS DE REFLEXIÓN

1. Algunos dicen que al creer que oímos la voz de Dios directamente abrimos la puerta al subjetivismo y violamos las claras palabras escritas en la Biblia. ¿De qué manera está de acuerdo y de qué manera en desacuerdo?
2. El ministerio profético se ha vuelto común hoy día. ¿Está de acuerdo en que se debe reconocer a ciertas personas como «profetas»? ¿Por qué?
3. Algunas veces Dios se comunica con voz audible. ¿Ha oído ejemplos de eso hoy día?
4. ¿Qué piensa de las personas que tienen ministerio profético y de vez en cuando se ponen de pie en las reuniones de la iglesia y proclaman a la congregación: «Así dice el Señor...?»

OTROS RECURSOS

- *La voz de Dios* de Cindy Jacobs, Editorial Betania, Miami, FL. Este libro está atiborrado de sugerencias prácticas acerca de cómo ponerse en tono con la voz de Dios y cómo ministrar en profecía.
- *Profetas y profecía personal*, de Bill Hamon, Cosecha Latina Int. Pub., Mission, TX, 1987. Este libro fue mi más útil orientación del tema profético una vez que me convencí de que la profecía es para hoy día.

La intercesión de nivel estratégico

TRES

DEMOS UNA MIRADA A DOS INCIDENTES DRAMÁTICOS EN SITIOS opuestos del mundo.

«SOY EL PRÍNCIPE DEL PERÚ»

Un joven brasileño llamado Jesuel es enviado por su iglesia local como misionero fundador de iglesias al vecino Perú. Poco después de su llegada discute con algunos amigos la estrategia que usarán para fundar su primera iglesia. Jesuel informa que durante esta discusión se le apareció un demonio que se hacía llamar «Príncipe del Perú». El demonio dijo: «¡Regresa a tu tierra o morirás en el Perú!»

Una semana más tarde Jesuel enfermó gravemente. Buscó ayuda médica, pero los doctores no pudieron darle esperanza de recuperación. Le informaron que aunque estaba joven tenía que enfrentarse al hecho de que estaba a punto de morir.

Al luchar por su vida, un pastor cercano que creía en la oración de doble vía de repente se sintió impresionado por Dios para ir al hospital y orar por determinado joven que se encontraba allí. Nunca había oído hablar de Jesuel ni sabía por qué este brasileño estaba en Perú. Pero obedeció a Dios, oró por Jesuel y este sanó milagrosamente y fue dado de alta.

Jesuel fue entonces a un pueblo del norte peruano, donde después de cuatro semanas de infructuosos esfuerzos evangelísticos descubrió que durante seis meses no se había usado la iglesia católica. Se hizo amigo del vigilante de la iglesia y lo guió a Cristo. Ambos hombres decidieron hacer sonar las campanas y convocar a las personas del pueblo a una «misa». Cuando sonaron las campanas llegó a la iglesia gente de todas partes y cien entregaron sus vidas a Cristo ese día.

Muchos más se salvaron y se nutrieron espiritualmente hasta que los sacerdotes católicos vecinos oyeron lo que estaba sucediendo y no lo permitieron. Sin embargo, Jesuel sencillamente se mudó a otro lugar y fundó otras cinco iglesias en Perú antes de regresar a Brasil para casarse.[1]

EL «TRIÁNGULO ESPIRITUAL»

Uno de mis estudiantes, que debe permanecer anónimo, es el líder de su denominación en cierto país con restricciones. Los ciudadanos de su nación están muy conscientes del «triángulo espiritual» formado al trazar líneas en un mapa desde los puntos determinados por la localización de tres ciudades en particular. Allí se encontraba el centro de poder de los antiguos gobernantes. Era el lugar en que las autoridades gubernamentales habían dedicado formalmente su nación a un principado espiritual de alto rango. «Es allí», dice mi alumno, «donde todavía se decide el destino espiritual de la nación».

El ser humano que gobernaba espiritualmente el triángulo era el abad de un monasterio popular. Era un poderoso practicante del

---

1. Este informe, recibido de Tomás Moreno y Dawn Ministries, se publicó en «Friday Fax» de Steve Bufton el 18 de marzo de 1996.

ocultismo y asesino conocido. Algunos se referían a él como «el abad asesino».

A través de los años, el abad asesino y sus predecesores habían evitado con eficacia que se fundara cualquier iglesia cristiana en el triángulo espiritual. La única excepción fue una iglesia católico-romana, la que posteriormente fue incendiada. Sin embargo, hace poco un grupo local de cristianos sintieron que Dios los guiaba a dirigir en el área una iniciativa de oración agresiva y de alta intensidad.

Poco después un pastor se mudó para fundar una iglesia donde estaban prohibidas. Como era de esperar, el abad confrontó al pastor cristiano y le informó muy claramente que si continuaba con sus planes de invadir el triángulo espiritual, en una semana pagaría por su insensatez con su vida. El fundador de iglesias, con su fe elevada a un alto nivel mediante la iniciativa de la oración poderosa, aceptó el reto y valientemente se involucró en el obvio encuentro de poder.

Antes de que terminara la semana, un ataque terrorista (comunes en esa nación en esa época) barrió con toda el área y ¡el mismo abad resultó muerto! Al momento de escribir esto se han instalado en el triángulo espiritual dos iglesias cristianas y se está planeando otra. Mi amigo está tan animado con esta nueva atmósfera espiritual de la nación que cree que las trescientas veinte iglesias de su denominación podrían llegar a ser mil en los próximos cuatro años.

PODER ESPIRITUAL EN ALTOS NIVELES

El estudio de casos que involucran enfrentamientos con algo parecido al «Príncipe del Perú» o a abades asesinos que viven en puntos de poder espiritual triangular, nos lleva a niveles espirituales de interacción que a muchos de nosotros, entre los que me encuentro yo, no se nos habían presentado hasta hace muy poco.

No olvido el día nacional de oración de mayo de 1989 en Washington D.C., cuando mi esposa Doris y yo nos relacionamos por primera vez con Cindy Jacobs y su esposo Mike.

—¿Qué hacen ustedes? —pregunté casualmente cuando íbamos a almorzar.

—Oramos por las naciones —respondió Cindy con total naturalidad.

—¿Cómo oran por las naciones? —dije, ya que nunca antes había oído algo parecido.

—Bien —dijo ella—, sobre todo oramos por las naciones exactamente como otras personas oran por individuos.

Doris y yo estábamos intrigados puesto que habíamos dedicado nuestras vidas a alcanzar las naciones para Jesucristo. Invitamos a la familia Jacobs a sentarse a almorzar con nosotros y la conversación se volvió una de esas raras ocasiones en que se moldea la dirección de una carrera.

Entre otras cosas, Cindy explicó que si los espíritus demoníacos impiden que un *individuo* sea todo lo que Dios quiere que sea, la mejor estrategia es enfrentar los espíritus mismos así como cualquier fortaleza que pueda estar dándoles derechos legales para molestar a la persona. Doris y yo sabíamos esto, pero Cindy continuó. Explicó que el mismo principio se aplica para *grupos de personas* en ciudades y naciones. Mediante la oración, como la que se practicaba en el ministerio de los Jacobs, Generales de Intercesión, y en otros, se pueden debilitar o hasta derrotar a las fuerzas espirituales en los niveles elevados.

Mi mente fue a 2 Corintios 4, donde Pablo expresa su frustración de que no muchas personas se salvaran a través de su ministerio. Él se lamenta de que el evangelio está «encubierto» para los que se pierden. ¿Por qué? Porque el «dios de este siglo» cegó su entendimiento (vv. 3,4). Debo admitir que siendo un misiologista profesional sabía muy poco acerca de las estratagemas que Satanás utiliza generalmente para mantener grandes cantidades de mentes humanas cegadas al evangelio.

Más tarde ese mismo año se llevaron a cabo varios talleres en el histórico congreso Lausana II en Manila, dirigidos por algunos que creían empezar a entender más acerca de que esas estratagemas satánicas podrían bloquear la posible evangelización mundial. El nombre que se usaba con frecuencia en esa época era «espíritus territoriales». Esta fue la primera vez que quienes nos habíamos enraizado en el evangelismo tradicional empezábamos a pensar en tales asuntos, sin decir nada o discutirlos abiertamente. En ese tiempo yo estaba aprendiendo un poco acerca de cómo escuchar la voz de Dios, como lo explico en el último capítulo, y por lo tanto estaba listo cuando Él me dijo: «Quiero que tomes el liderazgo internacional en el área de espíritus territoriales». Fue uno de los mensajes más claros que he escuchado.

El resultado final fue la organización de la Cadena Internacional de Guerra Espiritual, que durante años ha servido como foro en el cual se han discutido asuntos relacionados con los más altos niveles de confrontación espiritual. Pronto se desarrolló un consenso que en verdad fueron varios niveles de guerra espiritual. Se resaltaron tres diferentes niveles y se les dio nombre.

Los tres niveles de guerra espiritual

*   *Guerra espiritual en tierra*, que enfrenta espíritus demoníacos que molestan individuos. Es la liberación personal: expulsión de demonios.

*   *Guerra espiritual en lo oculto*, que desenmascara fuerzas organizadas de la oscuridad, tales como hechicería, chamanismo, satanismo, masonería, religiones orientales, Nueva Era y similares.

*   *Guerra espiritual de nivel estratégico*, que involucra lucha contra principados, potestades y gobernadores de las tinieblas, como lo define Pablo en Efesios 6.12.

Aunque todos los niveles están interrelacionados en el mundo invisible, y por consiguiente todas son áreas de enfrentamiento con el diablo, mi interés personal más importante reposa en el nivel estratégico. Para mí este parece ser el nivel que promete dar los resultados más importantes en el mundo de la evangelización. Demanda también los mayores riesgos, por consiguiente no es para todo el mundo. Sin embargo, en mi opinión aquí se puede aplicar el refrán del mundo de los negocios: «A mayor riesgo, mayor compensación».

Voy a explicar por qué tengo interés especial en la guerra espiritual de nivel estratégico, ya que en ocasiones se me ha malinterpretado. Pienso que la mayoría estará de acuerdo en que como individuos al servicio de Dios somos principalmente responsables

---

> Somos principalmente responsables de los
> dones particulares, llamamientos, unciones,
> talentos y situaciones de la vida que Dios ha
> decidido darnos. Eso constituye nuestro ADN
> espiritual, por decirlo así.

---

de los dones particulares, llamamientos, unciones, talentos y situaciones de la vida que Dios ha decidido darnos. Eso constituye nuestro ADN espiritual, por decirlo así, y nadie más en el Cuerpo de Cristo puede ser exactamente igual a otro. Por eso no espero que alguien piense o actúe necesariamente como yo o que ni siquiera esté de acuerdo con mis opiniones.

VARIAS CLASES DE ORACIÓN

Quienes han leído los cinco libros de la Serie *Guerrero en oración*, por ejemplo, quizás han notado que no me intereso por igual en toda clase de oración. Para ser explícito, intercedo pero no soy un intercesor que ora dos, tres o cuatro horas al día. Ayuno, pero no lo hago durante cuarenta días, ni siquiera durante siete. Alabo, pero no me recreo en una dieta constante de casetes de adoración en el estéreo de mi auto. Estudio la Biblia, pero no soy un erudito bíblico dedicado a la exégesis del griego y del hebreo. Me preocupo por los pobres y oprimidos, pero no soy un activista social.

Por lo tanto, cuando leo un libro como el clásico de Richard Foster, que tiene el sencillo título de *La oración* (Betania, Miami), encuentro muchas partes aburridas. Solo al hojear el contenido, que en mis momentos más brillantes llamo «recetas de oración», me encuentro saltando de la «oración de examen» a la «oración de lágrimas» o a la «oración sacramental» o a la «oración meditativa» o a la «oración de sufrimiento» o a la «oración contemplativa» o a la «oración de renuncia», solo para nombrar unas pocas. Estas son formas excelentes de orar y muchos creyentes la aman con todo el corazón, pero no parecen calzar en mi propio ADN espiritual.

Creo que mi código de genética espiritual vino con el nuevo nacimiento. Cuando tenía diecinueve años fui salvo y llamado a ser un misionero en el mismo día, exactamente como el apóstol Pablo (véase Hechos 26.17). Desde entonces no recuerdo un día en mi vida cristiana en que mi mayor propósito no haya sido extender el evangelio por todo el mundo. Por consiguiente, cuando empecé a profundizar en el movimiento de oración, a finales de la década de los ochenta, las clases de oración que más me atrajeron para la búsqueda personal, para escribir y para enseñar fueron las que mostraron más promesas de causa y efecto para la evangelización. Me encontré trabajando más que todo con oración que se puede catalogar como *medios para el fin* de la evangelización, no con muchas otras clases de oración que podrían ser tan buenas que hay la tendencia a considerarlas como *fines en sí mismas.*

Nadie ha ganado mayor respeto en el movimiento de oración de los Estados Unidos que mis amigos Evelyn Christenson y David Bryant. Evelyn dice: «Debemos ser cuidadosos de no sustituir los medios con el fin. Nuestros medios (nuestro ministerio) se deben convertir en los escalones seguros y en las puertas abiertas para la evangelización actual ... *La oración* es un *medio* muy importante en el proceso de salvación» (cursivas de ella).[2]

David Bryant afirma que los esfuerzos unidos de oración tales como conciertos de oración pueden ser ocasiones poderosas para la guerra espiritual, sin embargo dice: «El avivamiento de la oración, entendido bíblicamente, es la más elevada forma de guerra espiritual, porque cuando Dios contesta, el avivamiento lleva a la Iglesia a nuevos avances poderosos en el cumplimiento de la Gran Comisión.[3]

Muchos participantes activos en el movimiento de oración concuerdan en que el deseo más grande de Dios para nosotros es alcanzar las naciones de tal manera que todas las personas del planeta puedan tener la oportunidad de unirse a nosotros en adoración, alabanza y glorificación a Él. Ciertas clases de oración pueden ser de gran ayuda para llegar a alcanzar esa meta.

---

2. E. Christenson, *A Time to Pray* [Un tiempo para orar], Harvest House Publishers, Eugene, OR, 1996, p. 50.
3. D. Bryant, en correspondencia personal con el autor.

ORACIÓN Y AYUNO PARA DERRIBAR FORTALEZAS

Dick Eastman, de Todo Hogar para Cristo, provee un ejemplo gráfico de cómo la intercesión de nivel estratégico en realidad puede abrir no solo corazones individuales, sino también una región entera a la evangelización eficaz. Cuenta cómo una pareja de obreros de Todo Hogar para Cristo había logrado evangelizar un grupo de incrédulos, los kwaios, en una remota área montañosa de las islas Salomón en el Pacífico sur. Los misioneros sabían que no iba a ser fácil. Anteriormente un oficial del gobierno y al menos otros tres misioneros habían muerto a manos de los kwaios cuando intentaron penetrar en su territorio. Las personas de la costa les advirtieron que perderían sus vidas si se atrevían a internarse en la región montañosa.

Los obreros no deseaban arriesgar la vida, pero tampoco querían que los ridiculizaran. Entendieron con claridad lo que muchos misioneros occidentales tal vez pasaron por alto: concretamente que las fuerzas demoníacas (poderosos espíritus territoriales) habían penetrado en las tinieblas espirituales de la región y habían hecho durante siglos lo que querían con los kwaios. Sabían también que el único camino para romper tal poder era mediante la intercesión de nivel estratégico. Por consiguiente su primer paso fue dedicar siete días a la oración y al ayuno.

Dick Eastman informa: «A medida que pasaban los siete días, visiones sobrenaturales fluían a los corazones de los obreros de oración. Les llegó discernimiento y conocimiento relacionados con espíritus demoníacos y principados que dominaban la región. Mientras oraban se les revelaron nombres que sonaban extraños y a medida que los identificaban oraban con más fervor hasta lograr un sentimiento de victoria. Uno de los líderes contó esos enfrentamientos y antes de que pasaran los siete días en oración, habían identificado y luchado con ochenta y siete "fortalezas". Solo entonces los obreros se sintieron espiritualmente preparados para adentrarse en esas montañas traicioneras».[4]

---

4. D. Eastman, *The Jericho Hour* [La hora de Jericó], Creation House, Orlando, FL, 1994, p 47.

Los misioneros caminaron luego por el territorio prohibido y les permitieron entrar ilesos a la villa de los kwaios. Se sentaron y hablaron durante varias horas con un grupo de ancianos de la villa que protegían al jefe. Este era un poderoso hechicero que se encontraba tan enfermo que no los podía atender, pero los obreros sabían que sin el permiso del jefe nada sucedería. Los obreros cristianos persistían a pesar de que se les negaba toda solicitud de visitar al jefe. Finalmente el Espíritu Santo rompió la resistencia y se les permitió a los dos evangelistas visitarlo. De manera sorprendente el jefe escuchó con atención el mensaje y abrió su corazón para aceptar a Jesús. ¡Al instante cayó muerto!

La reacción inmediata de toda la tribu fue que estos forasteros habían venido a echar maldición sobre el jefe con su extraña religión. Empezaron a hacer planes para ejecutarlos, pero el Espíritu Santo pospuso por dos horas sus acciones al plantear una enérgica discusión. Finalmente liberaron a los obreros. Unas siete horas más tarde, de manera sorprendente el jefe se sentó y llamó a su familia y a sus amigos. Explicó cómo lo que debía haber sido un ángel lo había llevado exactamente a un lugar donde las multitudes estaban adorando el «Jesús» que predicaban los misioneros. Aunque no conocía nada de la Biblia, dijo que le habían presentado una persona llamada «Abraham» y otra llamada «Elías». Después de muchos otros detalles extraordinarios envió a decir a los misioneros que regresaran a la villa y rogó a su pueblo que creyeran el mensaje de ellos. Entonces al día siguiente cayó de espaldas y tranquilamente durmió para estar toda la eternidad con Jesús.

No es sorprendente que todos los kwaios presentes oraran de inmediato para recibir a Jesús. Para el momento en que Eastman presentó su informe, unos tres años después, la iglesia que resultó en la villa del jefe tenía más de trescientos convertidos y a lo largo de toda la región montañosa habían otras dieciséis iglesias en algún estado de desarrollo. ¡Más de cuatro mil kwaios habían entregado sus vidas a Jesucristo![5]

---

5. Este caso de estudio fue tomado del libro de Dick Eastman, *The Jericho Hour* [La hora de Jericó], pp. 43-47. Se narra de nuevo, con más detalles, en el

¿CÓMO PUDO OCURRIR ESO?

Motivados por esta dramática historia, muchos preguntarán: «¿Cómo pudo ocurrir eso?» Analicémoslo un poco:

- La filosofía de vida de los obreros (Isleños del Pacífico) les permitió entender que los poderes del mundo invisible, tanto los poderes de las tinieblas como los de la luz, influyen enormemente en lo que ocurre en el mundo visible. También sabían que el Dios invisible es supremo y que puede intervenir, e interviene, en los asuntos humanos al realizar actos milagrosos.

- Ellos entendieron que la oración, tanto la de doble vía (capítulo 2) como la de nivel estratégico (este capítulo) eran esenciales para penetrar los poderes de la oscuridad sobre los kwaios.

- Después mediante la oración desarrollaron una especie de «cartografía espiritual», que les reveló hasta los nombres de los espíritus de la oscuridad que mantenían en esclavitud a los kwaios. En el próximo capítulo explico la cartografía espiritual.

> No hace mucho yo relegaba al más fanático de los sectores la expresión que escuchaba de vez en cuando: «Atar al hombre fuerte». Quienes lo utilizaban, conocían sin duda algo que nunca me enseñaron acerca de la Biblia y de la obra del Espíritu Santo en el mundo actual.

libro más reciente de Eastman: *Beyond Imagination* [Más allá de la imaginación], Chosen Books, Grand Rapids, 1977, pp. 221-230.

- Basados en la información que tenían, «ataron al hombre fuerte» y por consiguiente «derribaron las fortalezas» que habían estado evitando que el evangelio penetrara la región. Estos dos aspectos se deben comprender más detalladamente.

«¿ATAR AL HOMBRE FUERTE?»

Puedo recordar, no hace mucho tiempo, la época en que relegaba al más fanático de los sectores la expresión que oía de vez en cuando: «Atar al hombre fuerte». Ahora me doy cuenta de que quienes la usaban, más que todo pentecostales y carismáticos de ese tiempo, conocían sin duda algo que no me habían enseñado acerca de la Biblia y de la obra del Espíritu Santo en el mundo actual.

Como profesor de crecimiento congregacional por mucho tiempo, uno de mis versículos favoritos de la Biblia concernía las palabras de Jesús para Pedro y los discípulos en Mateo 16: «Sobre esta roca edificaré mi iglesia» (v. 18). Esta es la primera vez que se recuerda que Jesús haya mencionado las palabras «iglesia» y «edificación». Esta es otra forma de decir «crecimiento». Esa fue la sección del versículo que resalté durante los años en que prácticamente no sabía nada acerca de guerra espiritual en el nivel estratégico. Jesús continúa: «Y las puertas del Hades no prevalecerán contra ella». Debí sospechar que Él manifestaba a los discípulos que en el crecimiento de la Iglesia se involucraría una seria guerra espiritual, pero aunque yo la practicara, no habría sido capaz de explicar lo que Él quiso decir.

Tuve peores problemas con el versículo siguiente: «Y a ti te daré las llaves del reino de los cielos; y todo lo que atares en la tierra será atado en los cielos» (v. 19). Aquí estaba de nuevo el «atar», algo de lo que en mi mente solamente los desquiciados podían hablar, mas no los cristianos equilibrados como yo. Ahora veo lo tonto que fui al no entender el punto crucial de que las «llaves del reino» abrirían las «puertas del Hades» de tal manera que no pudieran obstruir el crecimiento de la Iglesia en todo el mundo. ¿Cuáles son esas «llaves»? Obviamente algo relacionado con «atar».

Ya Jesús había utilizado la palabra «atar» (del griego *nikao*) en Mateo 12, cuando enseñaba a sus discípulos acerca de la guerra espiritual: «¿Cómo puede alguno entrar en la casa del hombre fuerte, y saquear sus bienes, si primero no le ata?» (v. 29). En el pasaje paralelo que se encuentra en Lucas 11 se usa la expresión «vencer» (del griego *nikao*) al hombre fuerte (v. 22). El punto al que quiero llegar es que, bíblicamente hablando, «atar» y «vencer» al hombre fuerte son sinónimos.

LOS VENCEDORES OBTIENEN LAS RECOMPENSAS

Quisiera haber sabido esto antes porque por alguna razón «vencer» me parecía una palabra más respetable que «atar». Especialmente en las cartas que en Apocalipsis 2 y 3 Jesús escribiera (utilizando la mano del apóstol Juan) a las siete iglesias en Asia Menor, la palabra «vencer» se repite una y otra vez. Es la única clase de verbo mandatorio que aparece en todas las siete cartas (a excepción del estribillo: «El que tiene oído, oiga lo que el Espíritu dice a las iglesias»). Además, cada vez que aparece, Jesús ofrece una espléndida promesa a quien venza, por ejemplo: «Al que venciere, le daré que se siente conmigo en mi trono» (3.21). ¡Quise ser un vencedor desde la primera vez que leí el Apocalipsis!

A pesar de que esta palabra *nikao* se usa siete veces en Apocalipsis, Jesús la usa solo en dos ocasiones en toda la Biblia. Una vez se refiere a lo que Él hace y en la otra se refiere a lo que sus discípulos debían hacer. La primera es Juan 16.33: «Pero confiad, yo he vencido [*nikao*] al mundo». Jesús lo lleva al punto culminante con su muerte en la cruz; Pablo dice más adelante: «Despojando a los principados y a las potestades, los exhibió públicamente, triunfando sobre ellos en la cruz» (Colosenses 2.15). Esto es lo que Jesús hizo, colocando el fundamento para toda la guerra espiritual posterior. ¿Queda algo para que nosotros hagamos?

Hay quienes les gusta pensar que debido a que Jesús «venció», nosotros solo descansamos en Él y Él se hará cargo del poder del diablo por nosotros. Es verdad que Dios es el único que tiene el poder final sobre los espíritus malignos, pero Él también decidió permitirnos jugar un papel en la liberación de ese poder. En Apocalipsis, Jesús dio a los creyentes el mensaje de «vencer» mucho después de su muerte y resurrección. La otra vez que Jesús utiliza dicha palabra es en Lucas 11.22, donde enseña a sus discípulos que deben vencer o atar al hombre fuerte. Observemos más cuidadosamente este pasaje.

CUANDO SE ROMPE EL DOMINIO DE BEELZEBÚ

Los fariseos habían acusado a Jesús de echar fuera demonios usando el poder de Beelzebú, dios sanador de Ecrón (véase 2 Reyes 1.2,3,6,16), un espíritu demoníaco que todavía se adoraba en la época de Cristo. Sin embargo, Jesús dijo que los echaba fuera por el «dedo de Dios» (Lucas 11.20), o sea el Espíritu Santo. Aquí se revela a Beelzebú como un principado demoníaco de alto rango (véanse Mateo 12.24, 27; Marcos 3.22; Lucas 11.15,18), exactamente bajo Satanás (véanse Mateo 12.26; Marcos 3.23,26; Lucas 11.18). Se le denomina «el príncipe de los demonios», que es como un general en el ejército que gobierna los soldados y donde Satanás mismo es el comandante en jefe. Beelzebú es uno de los hombres fuertes del reino del maligno. Por tanto Jesús dijo: «Cuando el hombre fuerte armado guarda su palacio, en paz está lo que posee» (Lucas 11.21). Es obvio que las posesiones más preciadas de una potestad demoníaca son almas perdidas. Si su armadura permanece intacta, aparentemente las almas perdidas que posee permanecen perdidas. ¡Así es como lo logra!

Sin embargo, la armadura del hombre fuerte se puede derribar si «viene otro más fuerte que él y le vence» (v. 22). El «más fuerte» es el Espíritu Santo, el dedo de Dios. ¿Dónde permanece hoy día el Espíritu Santo? ¡En nosotros! Jesús dijo: «Recibiréis poder cuando haya venido sobre vosotros el Espíritu Santo» (Hechos 1.8). Sin el Espíritu Santo, Jesús no nos hubiera comisionado para «vencer»; sin embargo, dijo que con el poder del Espíritu Santo haremos también las obras que Él hizo (Juan 14.12). Por eso nuestro deber es «atar al hombre fuerte». «Todo lo que atares en la tierra será atado en los cielos» (Mateo 16.19).

Durante sus siete días de ayuno y oración en las Islas Salomón, los obreros de Todo Hogar para Cristo ataron con dinamismo los hombres fuertes cuya preciosa posesión era el pueblo kwaio. Mediante la intercesión de nivel estratégico derribaron las armaduras demoníacas y liberaron los cautivos, de tal manera que por primera vez los kwaios pudieron oír el evangelio de Cristo.

CUANDO SE DERRIBAN FORTALEZAS

Me gusta la manera en que Dick Eastman comenta que mediante esta intercesión de nivel estratégico, de acuerdo con los informes que tienen, los dos misioneros ante el pueblo kwaio habían «identificado y luchado en oración con ochenta y siete "fortalezas"».[6] Esta es una referencia a 2 Corintios 10.4, donde Pablo dice: «Porque las armas de nuestra milicia no son carnales, sino poderosas en Dios para la destrucción de fortalezas». Pablo continúa mencionando que las fortalezas vienen de dos maneras diferentes: (1) «argumentos» (del griego *logizomai*) y (2) «altiveces» (del griego *hypsoma*) (10.5).

Muchos son ambiguos e inexactos en su entendimiento de la naturaleza de las fortalezas debido a que fracasan en reconocer las dos formas diferentes. «Argumentos» son fortalezas enraizadas en modos de pensar humano, en decisiones o en elecciones, ya sea por individuos o por grupos tales como gobiernos nacionales. Por ejemplo, cuando el gobierno de los Estados Unidos decidió romper un tratado solemne previamente firmado con los sioux, se creó de inmediato una fortaleza que el enemigo puede utilizar hasta que se derribe. Hablo de este tema en el capítulo 5: «El poder para sanar el pasado».

«Altiveces» son potestades tales como, por ejemplo, espíritus territoriales. Estas no se originan en modos de pensar humano, sino en el invisible mundo de las tinieblas. El *New International Dictionary of New Testament Theology* dice: «El uso de *hypsoma* en el Nuevo Testamento refleja probablemente ideas astrológicas y por consiguiente denota poderes cósmicos ... dirigidos contra Dios, que buscan intervenir entre Él y los hombres».[7] Los obreros de Todo

---

6. *Íbid.*, p. 47.

7. J. Blunck, «Altivez», *The New International Dictionary of New Testament Theology* [Nuevo diccionario internacional de teología neotestamentaria],

Hogar para Cristo neutralizaron con eficacia ochenta y siete «altiveces» o fortalezas demoníacas en las Islas Salomón, mediante siete días de intercesión de nivel estratégico.

ES UN DEBER HABLAR DE CRISTO

Sería fácil concluir que todo lo que debemos hacer es orar correctamente y las personas serían salvas de inmediato. De hecho, esto sucede de vez en cuando. Sabemos de personas que fueron salvas mediante intervención divina, como el apóstol Pablo cuando iba camino a Damasco. Sin embargo, esta no es la manera común. La Biblia dice: «¿Cómo, pues, invocarán a aquel en el cual no han creído? ¿Y cómo creerán en aquel de quien no han oído? ¿Y cómo oirán sin haber quién les predique?» (Romanos 10.14).

Seamos claros: Por sí mismos, «atar al hombre fuerte» o «derribar fortalezas» nunca ha salvado un alma. Las almas perdidas se salvan solo mediante la fe personal en Jesucristo como Señor y Salvador. Sin embargo, muchas personas en su vecindario y en el mundo no están en situación de *oír* el evangelio, sin importar la manera brillante como se les presente, porque «el dios de este mundo» ha «cegado su entendimiento», de acuerdo con 2 Corintios 4.4. La intercesión de nivel estratégico es sencillamente un medio que Dios nos ha confiado para remover la ceguera y liberar los cautivos para que al fin puedan oír el evangelio. Entonces ellos deben decidir si comprometen sus vidas a Jesucristo.

Muchos kwaios se salvaron, pero no todos. El resto necesita evangelización continua y persistente porque Dios no quiere que ninguno de ellos se pierda. No obstante, ahora hay la posibilidad de una mayor cosecha debido a que el pueblo de Dios se comprometió en la oración poderosa.

---

vol. 2, ed. Collin Brown, Zondervan Publishing House, Grand Rapids, 1975, p. 200. Ver también *Theological Dictionary of the New Testament* [Diccionario teológico del Nuevo Testamento], vol. 8, ed. Gerhard Friedrich, Wm. B. Eerdmans Publishing Company, Grand Rapids, pp. 613-614.

PREGUNTAS DE REFLEXIÓN

1. El misionero brasileño se enfrentó con el supuesto «Príncipe del Perú». ¿Qué piensa usted de las posibilidades de que haya un «príncipe de los Estados Unidos», un «príncipe de Wyoming» o un «príncipe de Houston»?

2. ¿Por qué la mayoría de los estadounidenses se burlan de la idea de que espíritus demoníacos controlan determinados territorios, mientras la mayoría de los africanos sí creen?

3. ¿Ha orado usted o ha oído a otros orar para «atar al hombre fuerte» o para «atar a Satanás»? Dé su opinión.

4. Revise la diferencia entre las dos clases de fortalezas: «Argumentos» y «altiveces», luego trate de dar ejemplos de cada una.

OTROS RECURSOS

- *Oración de guerra* (1993) y *Confrontemos las potestades* (1997) de C. Peter Wagner, Editorial Betania, Miami, FL. *Oración de guerra*, el primer libro de la Serie *Guerrero en oración*, da una perspectiva general de la teoría y la práctica de la intercesión de nivel estratégico. *Confrontemos las potestades* es mi más reciente respuesta a varias críticas que se levantaron contra la intercesión de nivel estratégico.

- *Conquistemos las puertas del enemigo* de Cindy Jacobs, Editorial Betania, Miami, FL. Este es un libro extraordinario para quienes desean volverse activos en la intercesión de nivel estratégico.

- *Manual de guerra espiritual* de Ed Murphy, Editorial Betania, Miami, FL, 1994. Este es el libro de texto más completo que se consigue acerca de la guerra espiritual; presenta un gran contenido bíblico.

El enfoque de nuestras oraciones: la cartografía espiritual

EN ESTA ÉPOCA SERÍA DIFÍCIL IMAGINAR QUE LLEVEN A ALGUIEN A UN cuarto de cirugía en que todos los cirujanos tengan que operar solo mediante diagnóstico exterior, sin radiografías, sin resonancias magnéticas ni siquiera con exámenes de laboratorio. Hace unas pocas generaciones, por supuesto, esta era la única manera de hacerlo y a los cirujanos se les podía perdonar por cometer equivocaciones debido a la falta de información precisa. ¡Este no es el caso actual! Hoy día un cirujano que no utilice la más avanzada tecnología que le indique por adelantado el lugar preciso dónde y cómo cortar, probablemente enfrentaría una demanda por negligencia si algo malo sucede.

LOS RAYOS X Y LAS BOMBAS INTELIGENTES

El pastor guatemalteco Harold Caballeros dice: «Los que los rayos X son para el médico, la cartografía espiritual es para los intercesores».[1] Difícilmente puedo imaginar una analogía más real. Este capítulo nos ayudará a entender en primer lugar por qué la cartografía espiritual es importante y segundo, cómo empezar a hacerlo de la manera adecuada.

También me gusta cómo lo que describe el pastor Bob Beckett. Él nos transporta a la guerra del Golfo Pérsico, cuando Sadam Hussein disparaba muchos misiles Scud, haciendo sin embargo un daño mínimo a las fuerzas aliadas. Alguien sugirió satíricamente que después de disparar sus misiles, ¡Hussein sintonizaba CNN televisión para averiguar dónde habían caído!

Beckett admite que esta era la manera en que su iglesia, The Dweling Place Family, en Hemet, California, oraba por muchos años. Dice: «Estábamos haciendo impacto en el enemigo, pero debido a nuestra falta de información estratégica éramos incapaces de aislar y discernir algún blanco específico, disparar, apuntando a este, y dándole al mismo».[2]

Beckett compara los misiles Scud con las «bombas inteligentes» de los aliados. Como lo vimos en nuestras pantallas de televisión, estas entraban exactamente por la chimenea, por la ventana o por la puerta del lugar al que se destinaban. Pudieron hacer esto porque antes de que empezara la guerra aérea, una pequeña cantidad de hábiles especialistas en reconocimiento fueron detrás de las líneas enemigas, localizaron los blancos más importantes y programaron las coordenadas de los objetivos en las computadoras de las bombas inteligentes.

Muchas veces le he escuchado decir a Bob Beckett: «Todos hemos tenido en nuestras iglesias demasiada oración tipo misiles Scud. ¡Necesitamos más oración tipo bombas inteligentes!»

---

1. Harold Caballeros, «Cómo derrotar al enemigo con la ayuda de la cartografía espiritual», *La destrucción de fortalezas ensu ciudad*, editado por C. Peter Wagner, Editorial Caribe, Miami, FL, 1995, p. 127.
2. Bob Beckett, «Pasos prácticos para la liberación de la comunidad espiritual», *La destrucción de fortalezas en su ciudad*, p. 161.

¿POR QUÉ ALGUNAS ORACIONES NO TIENEN RESPUESTA?

Siga conmigo en esta serie de cinco preguntas hipotéticas, todas las cuales tienen respuestas previsibles:

¿Se ora en su iglesia? La respuesta, por supuesto, es sí. Aun no he encontrado una iglesia que no ore.

¿Se ora en su iglesia por las personas? Sí.

¿Se ora en su iglesia por las familias? Sí.

¿Se ora en su iglesia por el pastor y por la iglesia? Sí.

¿Se ora en su iglesia por su comunidad? Sí.

Podría imaginarme yendo a su iglesia un domingo en la mañana y diciendo a la congregación: «Pasemos los próximos diez minutos escuchando testimonios de oraciones por personas que hayan tenido respuesta aquí en la congregación». No habría problema en rellenar el tiempo. Lo mismo sucedería para las oraciones por las familias, por el pastor y por la iglesia, que se hayan contestado. Sin embargo, si pido testimonios de oraciones contestadas sobre la comunidad, la mayoría de las iglesias tendrían dificultades en usar solo dos minutos, descartemos los diez. Muchas tendrían que admitir que han orado por su comunidad durante diez años y que ahora la situación está peor que al principio.

¿Por qué sucede esto? Es muy común que casi todos los que leen este libro pueden identificarse con lo que he dicho. Oran las mismas personas. Tienen la misma teología de oración. Tienen al mismo Espíritu Santo. Oran al mismo Padre celestial. ¿Por qué entonces ven más respuestas específicas a sus oraciones por individuos, familias y la iglesia que las que ven a sus oraciones por la comunidad? Creo que la respuesta es sencilla.

Suponga que alguien se me acerca, como ocurre a menudo, y me dice:

—Peter, ¿tendría la bondad de orar por mí?

Por supuesto, estoy de acuerdo en orar por la persona. Sin embargo, ¿qué es lo primero que hago? No empiezo a orar de inmediato.

—¿Por qué le gustaría que ore? —le digo.

—No me siento muy bien —podría ser su respuesta.

Todavía no estoy listo para orar.

—¿Me puede decir qué está mal? —le pregunto. Hasta este momento no sé si debo orar por una sinusitis, por la amenaza de perder un empleo, por una pelea con la novia o por cualquier otra cosa. Por lo tanto mantengo el interrogatorio hasta que haya conseguido suficiente información. Solo entonces empiezo a orar por esa persona. Usted debería hacer lo mismo.

¿PODEMOS HABLAR A NUESTRA COMUNIDAD?

¿Por qué hacemos esta rutina? Obviamente, porque desde hace tiempo hemos aprendido por experiencia que mientras más específica sea nuestra oración por un *individuo* hay más probabilidades de que obtengamos respuesta. Nuestro problema es que la mayoría de nosotros no hemos aprendido la manera de hacer preguntas directas a nuestra *comunidad*. Casi nunca se nos había ocurrido que deberíamos hacer tal cosa.

El título del capítulo 1 es «La oración puede ser poderosa (o de otra clase). El resto de este libro se escribió para ayudarnos a orar de la manera más poderosa posible. La cartografía espiritual, o el enfoque de nuestras oraciones tan exactamente como sea posible, es una de las ayudas más importantes que podemos utilizar para orar de manera poderosa en vez de hacerlo de otra manera.

Por ejemplo, hace solo unos días leí en la revista *Foursquare World Advance* [Firme avance mundial] un informe sobre Sri Lanka. Habla de cómo el pastor Kumarawansa y su familia entraron a una región de Sri Lanka llamada Horona e iniciaron una iglesia en una casa. En su manera acostumbrada hicieron guerra espiritual contra los espíritus territoriales del área. Tenían buen entrenamiento en intercesión de nivel estratégico. Sin embargo, sucedió muy poco. Experimentaban gran resistencia al evangelio. Grupos de incrédulos apedrearon la casa donde adoraban, interrumpiendo las reuniones.

La situación se veía deprimente hasta que un día una mujer de Horona llegó hasta la casa de la señora Kumarawansa y le dio el nombre del espíritu que gobernaba en el área. Al fin tenían el blanco que necesitaban. Cambiaron inmediatamente de «oración tipo misiles Scud» a «oración tipo bombas inteligentes» contra el principado demoníaco que gobernaba. En el nombre de Jesús de Nazaret y por el poder del Espíritu Santo tomaron autoridad sobre el demonio fulano de tal. La atmósfera espiritual se hizo clara y todo empezó a cambiar con rapidez. El informe dice: «La congregación está creciendo y se anticipa una iglesia central desde la cual el ministerio se extenderá a toda la región.[3] Lo que obviamente influyó en Horona fue la cartografía espiritual. En este caso los intercesores jugaban un papel pasivo a excepción de que imploraban a Dios que les mostrara la solución al problema del bloqueo al evangelio. Dios les dio el objetivo mediante la visita de la mujer a la esposa del pastor. Dios hace esto de vez en cuando, pero también nos ha dado numerosas herramientas que podemos utilizar para entrar en nuestras comunidades y comprometernos en una cartografía espiritual más intencional, dinámica y agresiva. Ahora conocemos un poco más acerca de cómo hacer preguntas importantes de nuestras comunidades para que los intercesores puedan enfocar sus oraciones con más exactitud.

DEFINIR LA «CARTOGRAFÍA ESPIRITUAL»

George Otis, hijo, del grupo El Centinela, fue quien acuñó la expresión «cartografía espiritual» en 1990. Su deseo es ayudarnos a «aprender a ver al mundo como en realidad es, no como lo que parece ser».[4] George Otis se ha convertido en lo que me gusta llamar «nuestro agente cristiano de espionaje número uno». Sus libros *The Last of the Giants* [El último de los gigantes] y *The Twilight Labyrinth* [El ocaso del laberinto] revelan muchos de sus descubrimientos, y vendrán más libros.

Las implicaciones de la afirmación de Otis, sencillas como podrían parecer, son vastas. En primer lugar, presupone que existe un mundo invisible en alguna parte más allá del mundo visible en el cual nos relacionamos con los cinco sentidos día tras día, sin cesar.

---

3. Anónimo, «Cambiado por el poder de Dios», *Foursquare World Advance* [Firme avance mundial], septiembre-octubre de 1996, p. 5.
4. George Otis, hijo, «Un vistazo general de la cartografía espiritual», *La destrucción de fortalezas en su ciudad*, p. 32.

Segundo, insinúa que podría ser más importante comprender algunos aspectos del mundo invisible que del mundo visible. Esto no debe sorprendernos si recordamos lo que dice el apóstol Pablo: «No mirando nosotros las cosas que se ven, sino las que no se ven; pues las cosas que se ven son temporales, pero las que no se ven son eternas» (2 Corintios 4.18).

Es sorprendente que hasta hace poco éramos, como Cuerpo de Cristo, ignorantes del mundo invisible. Hemos sabido acerca del cielo, el infierno, Dios y el diablo, y muchos hemos expulsado demonios. Sin embargo, eso no es suficiente para hacer una guerra eficaz.

George Otis dice: «Uno pensaría que los senderos de la dimensión espiritual debería ser tan familiares para el creyente común como el mar lo es para el marinero».[5] No obstante ese no es el caso. ¿Por qué? Otis continúa: «El problema parece ser que muchos creyentes —particularmente en el atareado hemisferio occidental— no se han dado el tiempo para aprender el lenguaje, los principios y protocolos de la dimensión espiritual».[6] Pudo haber añadido que no tenemos muchos maestros. Durante los años que pasé en los institutos de teología y religión no se me dijo que existía tal conocimiento. No tenía idea de que fuera posible, como lo dice Otis: «Superponemos nuestra comprensión de las fuerzas y acontecimientos del dominio espiritual a los lugares y circunstancias del mundo material».[7]

LOS GUERREROS APRECIAN LA INFORMACIÓN ACERCA DEL ENEMIGO

Nadie debería cuestionar si obtener información anticipada acerca del enemigo es bíblico. Dios mismo dijo a Moisés: «Envía tú hombres que reconozcan la tierra de Canaán, la cual yo doy a los hijos de Israel» (Números 13.2). Moisés quería saber cómo eran los pueblos que vivían allí, qué cantidad eran, cómo eran las ciudades,

---

5. *Íbid.*, p. 32.
6. *Íbid.*, pp. 32-33.
7. *Íbid.*, p. 33.

cómo estaban fortificadas, cómo era la tierra y si habían árboles (vv. 18-20). Él sabía la importancia de la información detallada. Josué, uno de los doce que salió a espiar, envió más tarde dos espías a Jericó para que le dieran informes específicos y actualizados antes de cruzar el Río Jordán para tomar posesión de la tierra prometida. Hoy día nuestra lucha tal vez no sea como la de Josué, quien tenía que pelear contra seres humanos en el mundo visible. Pablo dice: «No tenemos lucha contra sangre y carne, sino contra principados, contra potestades, contra los gobernadores de las tinieblas de este siglo, contra huestes espirituales de maldad en las regiones celestes» (Efesios 6.12). El principio, sin embargo, es el mismo ya sea que interactuemos en el mundo visible o en el invisible: Recogemos toda la información que podemos antes de salir a enfrentar al enemigo.

Es necedad decidir no planificar de antemano. Pablo escribe: «Para que Satanás no gane ventaja sobre nosotros; pues no ignoramos sus maquinaciones» (2 Corintios 2.11). Demos un vuelco al versículo por un instante. Suponga que de alguna manera *somos* ignorantes de las maquinaciones de Satanás. ¿Qué pasará? Por supuesto que *él ganará ventaja sobre nosotros*. Me gusta la manera en que lo dice Ed Silvoso: «En la guerra activa, la información más importante no es lo que usted sabe sino lo que *no* sabe. Especialmente si su enemigo sabe que usted no lo sabe».[8]

Temo que en estos días Satanás se esté saliendo demasiado con la suya. Tristemente hemos sido ignorantes de lo que él y sus huestes de maldad han levantado en nuestras ciudades, naciones y en el mundo entero.

Silvoso concuerda: «Hablando en general, la Iglesia de hoy ignora peligrosamente las artimañas del diablo. Es más, algunos individuos se enorgullecen de *no* conocer mucho acerca del diablo y sus tretas. De manera altanera declaran que se enfocarán exclusivamente en Jesús y se olvidarán del diablo».[9] Pero esos días van a

---

8. Ed Silvoso, *That None Should Perish* [Que nadie perezca], Regal Books, Ventura, CA, 1994, p. 98.
9. *Íbid.*, p. 100.

terminar pronto. Gente como George Otis, hijo, y creciente cantidad de cartógrafos espirituales igualmente consagrados y hábiles ocasionan que Satanás, más que nunca antes, tenga «gran ira, sabiendo que tiene poco tiempo» (Apocalipsis 12.12).

¿GLORIFICAMOS A SATANÁS?

¿Reunir gran cantidad de información acerca de Satanás y del mundo demoníaco de las tinieblas tiende a glorificar a Satanás? Unos pocos líderes han estado hondeando banderas rojas y diciendo que no deberíamos meternos tan profundamente en lo que ha estado sucediendo en el mundo invisible. Insinúan que debemos mirar solo a Jesús, «el autor y consumador de la fe» (Hebreos 12.2).

En respuesta debo decir que nunca he oído que un cartógrafo espiritual discuta contra el hecho de mirar a Jesús. También debo decir que si mirar a Jesús significa permanecer ignorantes de las maquinaciones de Satanás, no es lo que pudo haber pensado el autor de Hebreos. Josué no recogió información acerca de los cananeos en Jericó para glorificar a los cananeos, sino para derrotarlos.

Pocos podrían decir que la investigación médica tiende a glorificar la enfermedad. Hubo una época, por ejemplo, en que la viruela mataba más personas de las que mata ahora el SIDA. Aplaudimos a los científicos que pasaron años aprendiendo todo lo que pudieron sobre la viruela y luego respiramos con alivio cuando por fin descubrieron una vacuna. No creo que mientras trabajaban alguien les haya insinuado que no lo hicieran por temor a glorificar a la viruela. Hoy día enfrentamos un enemigo peor, que tiene poder para robar, matar y destruir. El obvio propósito de la cartografía espiritual no es glorificar tales asuntos sino más bien destruirlos.

LOS ESPÍRITUS PUEDEN SER TERRITORIALES

De vez en cuando utilizo la expresión «espíritus territoriales». Esto no implica que todo demonio esté confinado a un ruedo geográfico limitado sino que algunos, tal vez muchos, podrían estarlo. Admitimos que es muy escaso el conocimiento que tenemos acerca de los patrones de movilidad de las fuerzas de la oscuridad.

Obtenemos algunas ideas sobre ellos en las novelas de Frank Peretti, pero él mismo será el primero en recordarnos que escribe ficción y el grado en que coincide con la realidad es un tema de más investigación. Afortunadamente la investigación necesaria está bien encaminada o dirigida, como he dicho, por George Otis, hijo.

Algunos espíritus de alto rango tienen asignados ciertos territorios y poseen la capacidad de posponer el cumplimiento de ciertos asuntos que Dios desea.

Otis dice: «Anidado en el corazón de la filosofía de cartografía espiritual está el concepto de fortalezas territoriales ... Así como cualquiera que ha visitado en forma más casual lugares tales como la India, la tierra de los Navajos, Camerún, Haití, Japón, Marruecos, Perú, Nepal, Nueva Guinea y China, puede testificar, jerarquías complejas de divinidades y espíritus son consideradas como comunes. Se percibe que estos seres incorpóreos rigen sobre hogares, aldeas, ciudades, valles, provincias y naciones, y ejercen extraordinario poder sobre la conducta de los habitantes de la localidad».[10]

Una de las ventanas bíblicas a través de las cuales Dios nos permite vislumbrar el mundo invisible, fugaz como podría ser, es Daniel 10. Este capítulo no ofrece un método de guerra espiritual, mucho menos de investigación de cartografía espiritual. Sin embargo brinda dos secciones de información que nos ayudan enormemente a entender lo que estamos enfrentando: 1) Algunos espíritus de alto rango tienen asignados ciertos territorios; y 2) Poseen la capacidad de posponer el cumplimiento de ciertos asuntos que Dios desea. Veamos.

Daniel recibió una visión que lo llevó a iniciar un gran período de oración y ayuno. El primer día de su ayuno Dios envió un ángel

---

10. Otis, «Un vistazo general de la cartografía espiritual», *La destrucción de fortalezas en su ciudad*, pp. 34,36.

para ministrar a Daniel. Sin embargo, este no pudo llegar directamente hasta el profeta. ¿Por qué? Cuando el ángel llegó le dijo a
Daniel: «El príncipe del reino de Persia se me opuso durante
veintiún días; pero he aquí Miguel, uno de los principales príncipes,
vino para ayudarme» (v. 13). Luego justo antes de irse le dijo: «Y
ahora tengo que volver para pelear contra el príncipe de Persia; y
al terminar con él, el príncipe de Grecia vendrá» (v. 20).

Se pueden derivar de esta historia muchos otros principios,
enseñanzas y lecciones, pero como mínimo aprendemos que algunos
espíritus, que tienen considerable poder, usan nombres como el
«príncipe de Persia» y el «príncipe de Grecia», designaciones claramente territoriales. Algo así como el «príncipe del Perú» que se
menciona en el capítulo tres de este libro.

Esto tiene sentido cuando empezamos a hacer preguntas con-
cernientes al modo de actuar del diablo. Uno de sus deseos principales, como lo vimos anteriormente, es cegar las mentes de los
incrédulos para que no oigan el evangelio (ver 2 Corintios 4.3,4).
Satanás no es Dios y por consiguiente no tiene los atributos de Dios.
Por ejemplo, Satanás no es omnipresente como lo es Dios. Puesto
que es una criatura en vez del Creador, Satanás puede estar solo en
un lugar a la vez. Sin embargo, hasta el momento ha tenido éxito
en cegar las mentes de casi tres mil billones de almas alrededor del
mundo. ¿Cómo lo logra? Él no puede estar en tres mil millones de
sitios a la vez.

Es obvio que Satanás debe delegar la responsabilidad de cegar
mentes a una miríada de seres espirituales a su disposición en el
mundo invisible de las tinieblas. El único sitio al que envía esos
espíritus es donde hay personas, y sería lógico pensar que a mayor
cantidad de personas mayor cantidad y calidad (en sentido negati-
vo) de espíritus.

Dondequiera que se sitúen grupos de seres humanos, como
vecindarios, ciudades, regiones o naciones, se puede esperar que se
hayan asignado espíritus de alto rango que tienen muchos otros bajo
su mando. A estos nos referimos a veces como «espíritus territoriales». Sin embargo, cuando las personas desarrollan una afinidad
grupal como alianza religiosa, vocacional o de voluntariado, los
espíritus sobre ellos pueden no estar muy confinados a un territorio
geográfico. Por ejemplo, no sería sorpresa si se asignaran ciertos

principados a industrias tales como las empacadoras de carne, la minería, la automotriz, etc.

¿NOMBRES PARA LOS ESPÍRITUS?

Quienes ministran regularmente guerra espiritual en tierra saben que esos demonios son personalidades y que tienen nombres. Algunas veces dichos nombres son funcionales, tales como «espíritu de lujuria» o «espíritu de rechazo». Otras veces son nombres propios como «Legión» (Marcos 5.9). En el proceso de liberar de demonios a un individuo, particularmente en algunos de los casos más difíciles, a menudo los que ministran experimentan un avance importantísimo casi al instante en que descubren el nombre del demonio.

Con esto no quiero decir que saber el nombre de los espíritus sea un prerrequisito para la liberación personal. En ocasiones he visto buenos resultados al decir: «¡Espíritu inmundo, cualquiera que sea tu nombre, fuera!» En otras ocasiones, sin embargo, preguntamos por el nombre. Por ejemplo, en su excelente libro *Defeating Dark Angels* [Cómo derrotar a los ángeles de las tinieblas] Charles Kraft dice: «Si no tengo idea de cuál podría ser el nombre del espíritu, le ordeno que me lo diga».[11] Conseguir que ellos admitan sus nombres frecuentemente es difícil. La razón es que los espíritus saben que se vuelven más vulnerables si se conocen sus nombres. Es entonces cuando con más facilidad se puede dar en el blanco.

Regresemos a la apreciación de Cindy Jacobs de que orar para liberar a las naciones de ataduras malignas es semejante a orar por la liberación de individuos. Creo que el principio de saber el nombre transfiere la guerra espiritual del nivel terrenal a un nivel estratégico. No es necesario que se conozca el nombre, pero esto puede ayudar mucho en ciertas circunstancias.

Recordemos brevemente lo que tratamos en el capítulo 1. Cuando Pablo estuvo en Filipos, uno de los mayores obstáculos para la expansión del evangelio fue un poder demoníaco en una muchacha

---

11. Charles H. Kraft, *Defeating Dark Angels* [Cómo derrotar a los ángeles de la oscuridad], Servant Publications, Ann Arbor, MI, 1992, p. 187.

esclava, al que se refiere como «espíritu de adivinación» (Hechos 16.16). Este pudo haber sido su nombre *funcional*, pero en este caso una traducción literal del original en griego nos daría su nombre *propio*: «Pitón». Pablo echó fuera el demonio, que bien creo pudo haber sido el principal espíritu territorial sobre la ciudad. Como resultado estableció una iglesia firme y creciente.

Anteriormente en este capítulo narré el incidente en Sri Lanka, en que las oraciones de los fundadores de la iglesia parecían ineficaces hasta que alguien le dijo a la esposa del pastor el nombre del espíritu territorial de la ciudad. Esta fue la clave para romper este poder y permitir así la expansión del evangelio. También recordemos del primer capítulo en que Thomas Muthee de La Cueva de Oración en Kenia descubrió que el nombre del principado sobre Kiambu era «Brujería», y que el principal canal humano de ese espíritu era «Mamá Jane». Saber esto ayudó en gran manera a la evangelización de la ciudad, de acuerdo al Pastor Muthee.

La experiencia de Harold Caballeros de Guatemala es parecida a la de Thomas Muthee en África. Caballeros dice: «Hemos aprendido que nos conviene saber quiénes son los hombres fuertes a fin de atarles y repartir el botín. La cartografía espiritual nos ayuda a identificar al hombre fuerte. En algunos casos, la cartografía espiritual nos dará una serie de características que nos guiarán directamente al príncipe o potestad territorial. En otros casos nos encontramos enfrentando a una persona natural a quien Satanás está usando. En otros más, nos veremos frente a frente a una estructura social corrupta».[12] El enfrentamiento con el diablo se puede efectuar de varias maneras.

No debería parecer extraño que haya recibido más críticas de las que de ordinario hubiera esperado por prestar atención al aspecto de conocer los nombres de los espíritus. El prestigioso *The New International Dictionary of New Testament Theology* [Nuevo diccionario internacional de teología neotestamentaria] establece: «Prácticamente en la fe y el pensamiento de cada nación el nombre

---

12. H. Caballeros, «Cómo derrotar al enemigo con la ayuda de la cartografía espiritual», *La destrucción de fortalezas en su ciudad*, p. 138.

está muy vinculado con la persona, ya sea un hombre, un dios o un demonio. *Cualquiera que conozca el nombre de un ente puede ejercer poder sobre él*» (cursivas mías).[13] Este parece ser el consenso entre los eruditos y las personas, cristianas o no, que tienen conocimientos básicos superiores al promedio acerca del mundo invisible. Más poderosas podrán ser las oraciones a Dios mientras más las centremos en derribar fortalezas.

Por tanto, parte de nuestro proceso de cartografía espiritual es descubrir, cuando sea posible, los nombres de los principados y poderes que parecen ser el mayor obstáculo para la evangelización. Cuando lo hacemos, podemos entonces atarlos específicamente y no solo intentar atar un supuesto hombre fuerte de manera general. No quiero decir que esto último sea totalmente infructuoso, sino que además estamos aprendiendo que más poderosas podrán ser nuestras oraciones a Dios mientras más las centremos en derribar fortalezas.

LAS TRES PREGUNTAS CRUCIALES

En algunos casos la cartografía espiritual puede ser un proceso complejo y altamente desarrollado. Por ejemplo, para investigar la información acerca de las maquinaciones que Satanás usa para obstruir la expansión del evangelio, que se encuentran en su extraordinario libro *The Twilight Labyrinth* [El ocaso del laberinto], Georges Otis, hijo, gastó varios años y cientos de miles de dólares en muchas naciones del mundo. Pocas personas en una generación dada de cristianos serían llamados a realizar la cartografía espiritual en ese nivel, aunque estamos agradecidos a Dios por el grupo selecto que ha escogido.

Al mismo tiempo Dios está llamando una cantidad cada vez mayor de cristianos comunes y corrientes para que empiecen a orar con fervor y regularidad por sus propios vecindarios, pueblos o

---

13. H. Beitenhard, «Nombre», *The New International Dictionary of New Testament Theology* [Nuevo diccionario internacional de teología neotestamentaria], ed. Colin Brown, volumen 2, Zondervan Publishing House, Grand Rapids, 1976, p. 648.

ciudades. Quienes deseen la mayor eficacia en sus oraciones pueden también lanzarse en proyectos de cartografía espiritual mucho más sencillos. Casi todos los que deseen, pueden realizar *alguna* cartografía espiritual. Al comprometerse en cualquier proyecto de cartografía espiritual, ya sea grande o pequeño, complejo o sencillo, es bueno recordar las tres preguntas cruciales que lo ayudarán a mantener el enfoque total:

1. *¿Qué anda mal en la comunidad?* Por supuesto, si todo anda bien en su comunidad es innecesario realizar tanto la cartografía espiritual como la intercesión agresiva. Sin embargo, pocas personas podrían asegurar que nada anda mal. La lista de lo que anda mal a veces es tan larga que es difícil ponerla en orden o dar prioridad a los asuntos primordiales.

2. *¿Qué ocasionó lo que anda mal?* Tal vez se tome algún tiempo en encontrar respuestas a esta pregunta. ¿Ya estaban los problemas específicos de la pregunta uno cuando se fundó la ciudad? ¿Vinieron después? ¿Cómo se les permitió empezar? Muchos cometerán el error de empezar a ver medios *naturales* para tratar de explicar lo que sucede. George Otis, hijo, advierte en contra de esto al decir: «Cuando no se conoce el lenguaje, los principios y los protocolos de la dimensión espiritual, se confía en explicaciones políticas, económicas y culturales para esos asuntos. El problema aquí es una suposición equivocada: concretamente que el reino material es la base de la realidad. Por desgracia, suposiciones equivocadas hacen llegar a conclusiones equivocadas».[14]

3. *¿Qué se puede hacer?* En este punto se hace con frecuencia una transición de los *investigadores* de la guerra espiritual hacia los *practicantes* de la guerra espiritual. No necesariamente son los mismos. En este mismo capítulo dijimos antes que los rayos X son para el médico lo que la cartografía espiritual es para los intercesores. Como lo han notado todos los pacientes, cuando

---

14. George Otis, hijo, *Spiritual Mapping Field Guide* [Guía de campaña en la cartografía espiritual], The Sentinel Group, Lynnwood, WA, 1993, p. 14.

el técnico radiólogo termina de tomar las radiografías, a pesar de lo ansioso que usted esté de conocer lo que muestran las mismas sobre su enfermedad, el radiólogo no le informará. Solo al médico que ordenó las radiografías se le permite interpretarlas al paciente y decidir sobre cualquier tratamiento que sea necesario.

En el Cuerpo de Cristo, el ojo necesita la oreja y esta necesita la mano. Cuando nos unimos podemos hacer maravillas para el reino de Dios, que no podríamos hacer estando solos.

Algunos cirujanos no pueden operar el complicado equipo de rayos X en sus hospitales; para ello necesitan técnicos especializados. De la misma manera los intercesores necesitan el paciente, o sea, los investigadores de la cartografía espiritual. Sin embargo, estos investigadores no siempre están dotados del discernimiento necesario para entender las implicaciones espirituales de lo que han encontrado, para no hablar del conocimiento acerca de cómo entrar al campo y empezar la batalla espiritual. Por supuesto, algunas personas combinan las dos funciones, pero no nos sorprendamos si no lo hacen. En el Cuerpo de Cristo, el ojo necesita la oreja y esta necesita la mano. Cuando nos unimos podemos hacer maravillas para el reino de Dios que no podríamos hacer estando solos.

LAS TRES ÁREAS PRINCIPALES DE LA CARTOGRAFÍA

La iglesia El Shaddai de Ciudad de Guatemala, bajo el liderazgo del pastor Harold Caballeros, hizo hace algunos años una importante obra pionera en la cartografía espiritual. La emprendieron, solo como un recordatorio, no por interés de explorar el dominio del diablo, sino para facilitar la evangelización de su área geográfica. El modelo que usaron no es necesariamente un procedimiento recomendado para toda persona en toda ocasión. Muchos otros enfoques podrían funcionar igualmente bien. Pero no quiero concluir este capítulo sin dar por lo menos un ejemplo específico, y este enfoque es de particular interés y muy útil.

La iglesia El Shaddai dividió su equipo de cartografía espiritual en tres unidades y durante el proceso no se les permitió comunicarse a los miembros entre sí. Repito que este no es un principio general, es solo la manera que escogieron para operar durante este proyecto particular. A cada unidad se le asignó la tarea de investigar una de las tres áreas principales para la cartografía espiritual:

Factores históricos. Usando principalmente fuentes bibliográficas, este grupo investigó el nombre de la comunidad, el porqué del nombre, el significado de su raíz y su posible relación con el mundo de los espíritus o las falsas creencias. Examinaron luego el territorio mismo, exploraron las características que lo distinguían de lugares aledaños, la receptividad para el evangelio, las iglesias, si habían, la condición socioeconómica, los antros de perversión en la comunidad y los cambios que habían ocurrido recientemente en el área. Investigaron también la historia de la región e hicieron preguntas acerca de por qué se fundó, quiénes fueron los fundadores, sus raíces religiosas, acontecimientos traumatizantes del pasado, la historia de la iglesia y posible presencia de maldiciones o de espíritus territoriales.

Factores físicos. Otra unidad estudió los objetos materiales en la comunidad y los alrededores. Caballeros observa: «Parece que el diablo, debido a su orgullo ilimitado, frecuentemente deja un rastro detrás».[15] El inicio de esta investigación es el estudio de mapas, tanto antiguos como nuevos. Algunas veces el trazo de la ciudad sugiere alguna clase de patrón. Por ejemplo, una ciudad diseñada a cuarenta y cinco grados exactos del norte y sur levanta sospechas de influencia ocultista en el trazado. A menudo este es el caso de ciudades fundadas por masones. Se hicieron inventarios de parques, monumentos, sitios arqueológicos, estatuas, centros de perversión

---

15. Caballeros, «Cómo derrotar al enemigo con la ayuda de la cartografía espiritual», *La destrucción de fortalezas en su ciudad*, p. 143.

como bares, clínicas de abortos, casas de citas o almacenes de pornografía, centros de adoración, tanto cristianos como no cristianos, edificios que albergaban poder político, económico, judicial, educativo, militar o cultural. También se observa con sumo cuidado la condición socioeconómica de cada subregión en la comunidad.

Factores espirituales. La tercera unidad revisó el medio espiritual. Este es un equipo más bien especial. Caballeros dice: «Los llamados a trabajar en el área espiritual son los intercesores, personas que fluyen en el don de discernimiento de espíritus y oyen con exactitud a Dios».[16] Ellos orarán sobre las iglesias y también respecto al ocultismo y otros centros de adoración no cristiana, se darán cuenta si los cielos están abiertos o cerrados, trazarán las fronteras espirituales interiores entre ciertas subregiones y buscarán la identidad de los principados y poderes específicos que tienen poder sobre la comunidad.

Después de un período de intensa labor, los equipos de la iglesia El Shaddai compararon sus notas y se asombraron. El equipo histórico se había enfocado en un particular sitio arqueológico de ocultismo que pertenecía al Imperio Maya. El equipo de factores físicos localizó una casa vacía exactamente en un área que era centro de hechicería. El equipo de factores espirituales llegó a la conclusión de que el espíritu territorial sobre el lugar usaba como hombre fuerte a determinada persona que practicaba idolatría y hechicería. Los intercesores mencionaron ciertas características físicas que tenía este hombre fuerte. Empezaron a hacer intercesión poderosa de nivel estratégico dirigida hacia esos blancos en particular.

Al practicar lo que denomino la «oración de doble vía», en cierto momento escucharon claramente de Dios en una de esas situaciones de «cita, se cierra la cita» que Jack Hayford describe (ver capítulo 2). El Señor dijo: «Mañana les daré el nombre y apellido del hombre en la página tal del periódico». Para estar seguros, al día siguiente apareció la foto del hombre en la página determinada y

---

16. *Íbid.*, p. 144.

calzaba la descripción dada con anterioridad a los intercesores. ¡Resultó ser el propietario de la casa vacía que daba frente a la calle del lugar arqueológico maya!

Usando esa información, el resultado de una concienzuda cartografía espiritual, los miembros de oración de la iglesia El Shaddai se pudieron enfocar más y por consiguiente sintieron más poder que si hubieran actuado de otra manera. Creían que su proyecto de cartografía espiritual había abierto más puertas para el avance del evangelio en su ciudad que cualquier otro.

Debido a que la cartografía espiritual está en su más tierna infancia, podemos vislumbrar más información y más visiones en los días por venir. A mayor progreso, más poderosas serán nuestras oraciones.

Preguntas de reflexión

1. Si usted ha empezado a hacerse importantes preguntas espirituales acerca de su comunidad, ¿cuáles serían las dos o tres primeras?
2. Si estuviéramos en medio de la guerra, ¿cuán importante cree que es tener información exacta acerca del enemigo?
3. ¿Cómo respondería a alguien que dice que si usted hace cartografía espiritual glorifica a Satanás?
4. Discuta las diferencias entre los factores históricos, físicos y espirituales en la cartografía espiritual en su ciudad.

Otros recursos

• *La destrucción de fortalezas en su ciudad* editado por C. Peter Wagner, Editorial Betania, Miami, FL, 1993. Esta es una introducción práctica a la cartografía espiritual que incluye capítulos de expertos como George Otis, hijo, Harold Caballeros, Cindy Jacobs, Bob Beckett, C. Peter Wagner y otros.

El poder para sanar el pasado

LOS DÍAS EN QUE VIVIMOS NO SON TIEMPOS NORMALES. SOMOS LA primera generación desde la muerte de Jesús en el Calvario que tiene un potencial medible para cumplir su Gran Comisión. Tal vez sorprenda a algunos saber que una razón por la que ninguna otra generación anterior pudo decir tal cosa es sencillamente porque no poseían las herramientas necesarias para medir con exactitud tanto el progreso de la evangelización mundial como la tarea por desarrollar. Ahora tenemos la tecnología para hacerlo y los cálculos se llevan a cabo por medio de nuestros centros de investigación cristiana.

Luz al final del túnel de la Gran Comisión

Una cosa es ver luz al final del túnel de la Gran Comisión y otra es en realidad lograr hacer el trabajo: concretamente, establecer un movimiento viable de fundación de iglesias en cada uno de los grupos de pueblos aún no alcanzados en el mundo. Cuando se haya logrado, por primera vez en la historia, cada bebé nacido en cualquier parte del mundo tendrá una oportunidad razonable en su vida para oír el evangelio de Jesucristo. Esta es una manera de decir que «será predicado este evangelio del reino en todo el mundo, para testimonio a todas las naciones», según las palabras de Jesús en Mateo 24.14.

Durante dos mil años el reino de Dios ha avanzado a un ritmo constante a través de una «puerta del Hades» a otra, como lo expresaría Jesús, al reflexionar en sus palabras en Mateo 16.18. Como resultado, Satanás tiene la espalda contra la pared, por así decirlo. George Otis, hijo, dice: «Los soldados del Señor de los ejércitos han cercado ahora las fortalezas finales de la serpiente ... Hay que reconocer que mientras la tarea que resta por hacer es la fase más desafiante de la batalla, los ejércitos de Lucifer se enfrentan hoy día con una comunidad de creyentes cuyos recursos espirituales (si se les motiva, somete y unifica de manera adecuada) son en verdad formidables».[1]

¿Por qué diría Otis que nos enfrentamos con «la fase más desafiante de la batalla»? Al menos por dos motivos:

Primero, se podría argüir de manera convincente que la vasta mayoría de grupos de personas inalcanzadas se localizan en la parte del mundo en que Satanás se ha atrincherado más profundamente por un período más largo que en cualquier otra época. Mientras más nos acerquemos a los antiguos lugares de la torre de Babel y del huerto del Edén, más probable es que se conviertan.

La segunda razón se halla en Apocalipsis 12.12: «Porque el diablo ha descendido a vosotros con gran ira, sabiendo que tiene poco tiempo». Si esta es en verdad la generación que puede completar la Gran Comisión, no nos debería sorprender si también somos nosotros contra quienes Satanás está desatando su ira sin precedentes.

Por eso es que las misiones mundiales ya no pueden ser una operación de asuntos comunes ni de *statu quo*. George Otis dice:

---

1. George Otis, hijo, *The Last of the Giants* [El último de los gigantes], Chosen Books, Grand Rapids, 1991, p. 144.

«Los cristianos que suponen poder aplicar estrategias de ministerio de la década de los setenta a las realidades de los noventa se llevan una sorpresa muy desagradable. Los planes estratégicos y manuales de políticas escritas para las condiciones plácidas del pasado se vuelven rápidamente artículos de museo».[2]

UNA INYECCIÓN DE PODER EXTRAORDINARIO

Puesto que la evangelización mundial es una actividad divina, ejecutada mediante agentes humanos seleccionados, se espera que Dios suplirá a su pueblo con el conocimiento, las herramientas y los recursos necesarios para completar la tarea. Esto es exactamente lo que parece hacer en nuestros días. Creo que ahora Dios provee la más grande inyección de poder a las misiones mundiales que hemos visto desde que William Carey fue a la India hace doscientos años para emprender lo que llamamos «el movimiento misionario moderno». Esta reserva incrementada de poder se libera mediante tres poderosas fuentes espirituales que ahora están disponibles para todo el Cuerpo de Cristo. No es que sean nuevas, sino que en épocas anteriores solo un diminuto segmento de creyentes tenían su toque. Los nombres de las tres se acuñaron después de 1990 y son:

1. *Guerra espiritual de nivel estratégico.* Este es tema del capítulo 3.
2. *Cartografía espiritual.* Este es el tema del capítulo 4.
3. *Arrepentimiento identificatorio.* Que es el tema de este capítulo.

EL ARREPENTIMIENTO IDENTIFICATORIO

Isaías 58.12 dice: «Los tuyos edificarán las ruinas antiguas; los cimientos de generación y generación levantarás, y serás llamado reparador de portillos». Aparentemente es posible volver atrás y confrontar las heridas que generaciones anteriores pudieron haber ocasionado.

---

2. *Íbid.*, p. 225.

He sido cristiano y asistente a la iglesia por casi cincuenta años y no recuerdo haber oído un sermón sobre el arrepentimiento identificatorio o la sanidad de heridas del pasado. Obtuve cuatro títulos en religión de respetables instituciones académicas y ninguno de mis profesores ni siquiera insinuó que tal tópico fuera posible. Usted no encuentra segmentos acerca del arrepentimiento identificatorio en los escritos de teólogos clásicos como Martín Lutero, Juan Calvino o Juan Wesley. Por eso digo que el tema de este capítulo es «nuevo». Seguramente es nuevo para muchos de nosotros, pero no para las Escrituras, como lo veremos pronto.

Somos muy afortunados de tener un nuevo texto de estudio excepcional acerca de este tópico llamado *Healing America's Wounds* [La sanidad de las heridas estadounidenses], de John Dawson, En mi opinión este es uno de los libros de más influencia en la década para los líderes cristianos de todas las denominaciones. Debido principalmente al apoyo que provee el libro de Dawson, sentí la confianza suficiente para escribir este capítulo, mi primer escrito extenso acerca del arrepentimiento identificatorio. Considero esto tan importante que exijo a mis estudiantes del Seminario Teológico Fuller que lean el libro e invito con regularidad a John Dawson, quien fundó la Coalición Internacional de Reconciliación, a que me ayude a dictar mis clases.

Desde la publicación de *Healing America's Wounds* [La sanidad de las heridas estadounidenses], se han intensificado con rapidez los sucesos manifiestos para el propósito expreso del arrepentimiento y la reconciliación, no solo en Estados Unidos sino también en otros lugares del mundo. Líderes japoneses cristianos han ido a las ciudades de Asia para pedir perdón por la ocupación japonesa en la Segunda Guerra Mundial. Líderes brasileños se han arrepentido ante los paraguayos por una brutal guerra que involucró no solo la apropiación de tierra que no les pertenecía, sino también una sangrienta masacre. Los alemanes se reunieron en Holanda como arrepentimiento por las atrocidades de Hitler. Los neozelandeses admitieron y confesaron públicamente su abuso y opresión al pueblo nativo maorí.

Aquí en los Estados Unidos, los luteranos se han arrepentido por el antisemitismo que se encuentra en los escritos de Martín Lutero. En su convención nacional, los bautistas del sur actuaron oficialmente al pedir perdón a los afroestadounidenses por aprobar la esclavitud. Había líderes metodistas entre un grupo que se arrepintió en el lugar de los hechos por la masacre atroz y vergonzosa de los indios arapalos y cheyenes en Sand Creek cerca de Denver hace más de cien años, y que la dirigió un ministro metodista secular, el coronel John Chivington. Algunos meses después, la Conferencia General Metodista Unida aprobó una resolución denunciando las acciones de sus antepasados y disculpándose por la atrocidad cometida en Sand Creek.

En una de las concentraciones de cincuenta mil Guardadores de Promesas en el estadio John F. Kennedy de Washington, D.C. en 1996, el pastor africano-estadounidense A.R. Bernard fue uno de los predicadores. Habló de la realidad del pecado generacional. Argumentó que el racismo, transmitido de generación en generación, puede ser muy bien el pecado que ha entristecido más el corazón de Dios en toda la historia de la nación norteamericana. Llamó al arrepentimiento. Retó a los hombres blancos a arrepentirse por su racismo y desafió a las minorías a arrepentirse por su amargura. Miles respondieron y se reunieron frente a la plataforma, todos ellos conmovidos profundamente por el Espíritu Santo; muchos lloraron sin reservas.

Cualquier duda de que este acto fuera sincero y adecuado se disolvió mediante un fenómeno celestial extraordinario. Durante todo el día el cielo había estado densamente nublado, había llovido y la atmósfera tenía una humedad de sesenta y cinco grados. El arrepentimiento público se efectuó cerca de las cuatro de la tarde. Los cincuenta mil, unos en el campo y otros en las gradas, cantaban juntos: «Extiende tu mano y sana esta nación». Cuando llegaron a un verso de la canción: «Haz que tu rostro brille sobre nosotros», las nubes se alejaron al instante y el sol brilló por primera vez ese día. A los diez minutos no había nubes en el cielo y el brillante resplandor del sol elevó la temperatura en el estadio en cinco grados, de acuerdo con el termómetro electrónico de la pizarra de puntuaciones».[3]

---

3. Tomado de un informe del acontecimiento por un testigo ocular en el correo electrónico de Gary Greig, quien enseña hebreo y Antiguo Testamento a seminaristas de la Universidad Regent en Virginia Beach, VA.

Estos acontecimientos, que ocurren cada vez con más frecuencia en todo el mundo, son a las claras algunas de las cosas más importantes que el Espíritu está diciendo a las iglesias. Tratemos de entender algunos de los principios tras esta poderosa herramienta espiritual que Dios parece animarnos a usar. Dejemos que los oídos oigan lo que el Espíritu dice a las iglesias.

EL ARREPENTIMIENTO PERSONAL

Mientras que el «arrepentimiento identificatorio» puede ser un concepto desconocido para muchos, el «arrepentimiento personal» no lo es. El pecado puede y de hecho invade de vez en cuando nuestra vida personal. Cuando lo hace no solo nos afecta como individuos, sino que la onda expansiva a menudo puede alcanzar a dañar nuestras familias, nuestros amigos, nuestros trabajos, nuestra salud y nuestra calidad total de vida. ¿Podemos hacer algo al respecto? Por supuesto. Es algo que oímos con frecuencia desde el púlpito. Todo estudiante de seminario puede pasar un examen del tema. Lo encontramos en repetidas ocasiones en los escritos de Lutero, Calvino y Wesley.

Para reseñar, sabemos que Dios nos ama y desea tener comunión con nosotros. Sin embargo, cuando el pecado entra en nuestra vida, se levantan obstáculos que nos impiden ser todo lo que Él quiere que seamos y cohíbe a Dios hacer lo que de otra manera busca hacer en nuestra vida. Entonces nuestra comunión con el Padre ya no es la misma. No obstante, esto no tiene que permanecer así, ya que Dios nos da la oportunidad de remitir el pecado que es la raíz de todos los problemas que nos puedan suceder.

Un principio básico es que «sin derramamiento de sangre no se hace remisión», como lo leemos en Hebreos 9.22. A través de todo el Antiguo Testamento, la sangre que se derramaba por la remisión de los pecados era por lo común la sangre de toros, machos cabríos y otros animales como sacrificio. Se requería un nuevo sacrificio por cada pecado nuevo. Sin embargo, Jesús cambió esto de una vez por todas cuando derramó su sangre en la cruz. La sangre de Jesús es ahora suficiente para remitir todos los pecados donde quiera y como quiera que ocurran. Ya no sacrificamos animales.

Los pasos necesarios para la remisión segura de los pecados son conocidos por todos los creyentes. En primer lugar identificamos específicamente el pecado. Las generalidades en este punto no bastan. No es el momento de palabrear diciendo: «Señor, si hubiera la posibilidad de que haya pecado...» o de confesar alguna tendencia vaga hacia el pecado. Solo si llamamos por su propio nombre al pecado podemos dar el siguiente paso, que es confesar a Dios el

---

El histórico espíritu fronterizo estadounidense nos ha inculcado la idea de que somos amos de nuestro destino. Admiramos al «hombre formado por sí mismo».

---

pecado que hemos cometido y pedir su perdón. Si lo hacemos con sinceridad, entonces «Él es fiel y justo para perdonar nuestros pecados, y limpiarnos de toda maldad» (1 Juan 1.9). El pecado está remitido. Nuestra responsabilidad de allí en adelante es caminar en obediencia a Dios y luego reparar cualquier daño que el pecado haya podido causar a otros. En la mayoría de los casos es un esfuerzo infructuoso intentar sanar las heridas que un pecado pueda haber infringido a otros hasta que se haya confesado el pecado.

ENFRENTAR EL PECADO COLECTIVO

Como nos lo recuerdan con frecuencia los antropólogos, nosotros los occidentales en general, y estadounidenses en particular, nos caracterizamos por un individualismo que parece un tanto extraño a la mayoría de la especie humana. Nuestro espíritu fronterizo nos ha inculcado la idea de que somos amos de nuestro propio destino. Admiramos al «hombre formado por sí mismo». Pensamos que podemos salir adelante sin ayuda de nadie. Si tengo éxito espero el crédito; si no, espero el reproche.

Otras personas del mundo tienden a pensar de manera mucho más colectiva. Por ejemplo, la decisión de escoger con quién casarse de una persona joven es por lo general una decisión de grupo, no una elección personal. En muchas de las culturas mundiales más importantes todas las grandes decisiones son grupales. Solamente los asuntos sin importancia se dejan a la discreción individual.

Pienso que esta es una de las razones por las que los líderes cristianos no occidentales parecen tener menos dificultad en entender el concepto de arrepentimiento identificatorio que algunos de los occidentales. El arrepentimiento identificatorio se establece en la realidad del pecado colectivo. En otras palabras, no solo hay pecados individuales, sino también de *grupos* de personas. Puede ser un grupo pequeño como una familia (véanse Éxodo 20.5,6; Levítico 18.25; Deuteronomio 5.9) o grupos tan grandes como una nación (véanse Isaías 65.6,7; Jeremías 11.10; 15.4,7; 16.10-12; Lamentaciones 5.7). Puede ser un grupo religioso, una ciudad, una iglesia, una industria, un departamento de gobierno, una raza o una escuela.

Dondequiera que muchos individuos se vinculen de manera significativa en una interconexión social, ese grupo puede pecar, no como individuos, sino *como grupo*. Cuando esto sucede, cada miembro individual del grupo se identifica en algún grado con el pecado colectivo, ya sea que participe o no de este acto (véanse Éxodo 32.9-14; Jeremías 3.25; Salmo 106.6; Daniel 9.8,20; Esdras 9.6,7; Nehemías 1.6,7; 9.2).

Dios nos da una manera de enfrentar el pecado colectivo así como nos da un medio de enfrentar el pecado individual. Creo que Dios tiene un propósito para cada nación, sea esta una región geopolítica o un grupo de personas ligadas culturalmente. Sin embargo, si ese grupo peca de manera colectiva, la nación no puede ser todo lo que Dios quiere que sea sin la remisión de la raíz del pecado. La Escritura clásica para esta situación es 2 Crónicas 7.14: «Si se humillare mi pueblo, sobre el cual mi nombre es invocado, y oraren, y buscaren mi rostro, y se convirtieren de sus malos caminos; entonces yo oiré desde los cielos, y perdonaré sus pecados, y sanaré su tierra». Es obvio que «sanar la tierra» no se refiere al campo *individual*, sino al *colectivo*. Por consiguiente, «perdonar sus pecados», que es otro modo de decir: *remitir* sus pecados, significa remitir los pecados *colectivos*.

Me gusta la manera como lo dice mi amigo Johannes Facius de la Comunidad Internacional de Intercesores: «Hay un problema importante que impide la sanidad de la tierra: los pecados históricos no confesados de la nación. El pecado inconfeso es el punto de apoyo de las fuerzas satánicas, ya sea que hablemos del individuo o de la nación. El pecado inconfeso constituye una base para el gobierno satánico. Debemos por lo tanto encontrar una manera de tratarlo si queremos ver nuestros pueblos libres de las fortalezas demoníacas».[4]

PASOS HACIA LA REMISIÓN DEL PECADO COLECTIVO

Nuestro enfoque para la remisión del pecado colectivo es paralelo a la manera en que manejamos el pecado individual.

Primero identificamos específicamente el pecado colectivo o pecados de la nación. Esta es una función de la cartografía espiritual, como lo expliqué en el último capítulo. Por ejemplo, después de años de cuidadoso estudio y análisis tiendo a estar de acuerdo con el doctor A.R. Bernard, vocero de los Guardadores de Promesas, quien sugirió que el racismo puede ser el pecado colectivo número uno de Estados Unidos. Algunos podrían mencionar que el aborto está a la cabeza; pero en mi opinión el aborto es parte del racismo, ya que es tratar a algunos seres humanos como si no importaran.

Para ser más específicos y acercarnos a la base de la realidad, vemos pronto que una de las fortalezas elementales que permiten al enemigo perpetuar el racismo en nuestra nación es, antes que nada, el haber traído africanos a nuestras costas como esclavos. Creo que este es el pecado colectivo número uno, en términos de magnitud, que nuestra nación como tal ha cometido. Un pecado más profundo y fundamental yace sin embargo en la raíz del problema: concretamente, la forma en que nosotros los inmigrantes europeos en América tratamos a nuestros pueblos indígenas, las naciones americanas primitivas. Pienso que es una hipótesis disputable el que si hubiéramos tratado con más justicia a los indios, tal vez nunca habríamos comprado ni vendido africanos como esclavos.

---

4. Johannes Facius, *The Powerhouse of God* [La casa de poder de Dios], Sovereign World Ltd., Tonbridge, Kent, Inglaterra, 1995, p. 44.

Canadá, por ejemplo, trató de manera diferente a quienes llamaron «los primeros nativos» y nunca se involucraron en el comercio de esclavos como lo hicimos nosotros.

Un segundo paso es confesar el pecado nacional colectivo y pedir a Dios que nos perdone. Debido a las masivas implicaciones sociales del pecado colectivo, en contraste con el pecado individual, este paso exige de ordinario mucho más para lograr resultados. En raras ocasiones, por no decir nunca, se obtienen logros con un solo acto público. Es complicado entrar con gran detalle en lo que se requiere para un adecuado arrepentimiento nacional, debido a la relativa novedad del concepto. Incluso quienes dirigimos este movimiento nos encontramos a la fecha en una curva de aprendizaje.

Como ejemplo usted habrá notado que dije que los bautistas del sur «pidieron perdón» por su participación en la esclavitud. Eso tiene un lado identificatorio, sin embargo algunos líderes que participaron en el debate precedente a la decisión argumentaron que no era adecuado para nosotros hoy día «arrepentirnos» por los pecados cometidos por otros. Aunque sostengo que es muy adecuado, también comprendo que tomará más tiempo para unos que para otros entender los principios bíblicos y teológicos que hay detrás del arrepentimiento identificatorio. Además, anticipo que algunos persistirán en su posición y criticarán también a quienes defendemos el arrepentimiento identificatorio.

El tercer paso hacia la remisión del pecado colectivo es aplicar la sangre de Jesucristo y pedir perdón a Dios. Sin derramamiento de sangre no hay remisión de pecados; pero la sangre de Jesucristo nos limpia, tanto colectiva como individualmente, de todo pecado (véase 1 Juan 1.7).

El paso final es caminar en obediencia y hacer lo necesario para reparar el daño causado por el pecado. En muchos casos esto se convertirá en un largo proceso, particularmente cuando la iniquidad nacional ha pasado a muchas generaciones. Las razones subyacentes merecen alguna explicación.

La iniquidad pasa de generación a generación
Mi amigo Gary Greig, profesor adjunto de Antiguo Testamento en el Instituto Universitario Regent de Teología en Virginia Beach,

Virginia, dice: «El principio del pecado generacional (ciclo de pecado, culpa y atadura de generación en generación) refleja parte del esencial carácter santo del Señor». Se refiere a Éxodo 20.5 y dice: «La santidad de Dios hace que Él visite o señale la maldad de los padres sobre sus descendientes hasta la tercera o cuarta generación de los que lo odian».[5]

En este punto es útil entender la diferencia entre pecado y maldad. Pecado es la acción específica que se comete; la maldad (*awon* en hebreo) se refiere al estado de culpabilidad que resulta de ese pecado que se transmite a través de las generaciones. Nosotros los estadounidenses, por ejemplo, sufrimos hoy día de los efectos corruptos de la maldad de la esclavitud en nuestra sociedad, aunque ninguno de los que vivimos se haya involucrado de modo personal en el comercio de esclavos. Creo que la frase «tercera o cuarta generación» se puede entender como un lenguage figurado que quiere decir que continúa sucesivamente. ¿Por cuánto tiempo? Hasta que la acción del pecado, que inició el proceso maligno, sea remitido por sangre.

El tiempo no sana las heridas, por el contrario, estas se vuelven más y más dolorosas al pasar a la generación siguiente. Un ejemplo bíblico es el pecado de Caín al asesinar a su hermano Abel. Cinco generaciones después Lamec también cometió asesinato e identificó específicamente su pecado con el de su antepasado, diciendo: «Si siete veces será vengado Caín, Lamec en verdad setenta veces siete lo será» (Génesis 4.24). Quienes estuvimos en Los Ángeles durante los disturbios de 1972 estamos muy conscientes de que el racismo actual no es mejor del que había en anteriores generaciones, sino peor, a pesar de la constante descarga de amonestaciones presidenciales, de acciones legislativas y de decisiones del Tribunal Supremo. El pronóstico es que continuará empeorando hasta que se tomen acciones espirituales.

---

5. Gary S. Greig, «La sanidad de la tierra: ¿Qué dice la Biblia acerca del arrepentimiento identificatorio, de la oración y del avance del reino de Dios?», documento inédito escrito en la Universidad Regent, 25 de junio de 1996, p. 9.

Solamente los cristianos pueden remitir pecados nacionales
¿Quién se encarga de ver que sea adecuado el arrepentimiento del
pecado causante y de que Dios lo perdone? Esto nos lleva de vuelta
al principio de que no hay remisión del pecado sin derramamiento
de sangre (véase Hebreos 9.22). La única sangre disponible hoy día
para la remisión del pecado es la sangre de Jesucristo. Las únicas
personas elegibles para tomar autoridad hacia el arrepentimiento y
reclamar el poder de Jesús para perdonar son quienes ya han sido
redimidos por su sangre: los cristianos. No se puede designar a reyes,
primeros ministros, jefes, presidentes, jueces, generales u otros, por
virtud de su oficio y aparte de la sangre de Jesús, como personas
señaladas para conducir importantes actos de arrepentimiento. Sin
embargo, ellos pueden estar presentes cuando ocurran tales sucesos
y participar en los actos públicos de admitir el arrepentimiento y
ofrecer cualquier gesto de perdón que tal vez sea adecuado.

Vale la pena reiterar que los cristianos que toman la iniciativa
de sanar las heridas del pasado quizás no estén, y generalmente no
están, entre la generación que cometió el pecado original. Pueden,
sin embargo, identificarse con esa generación; pero nadie más puede
tomar sobre sí la carga de pecados pasados. Con seguridad no lo
pueden quienes en realidad cometieron el pecado. Ellos están
muertos y su destino, cualquiera que sea, está señalado. No confun-
damos el arrepentimiento identificatorio con la solución de problemas personales de cualquier individuo en el pasado. No defendemos
la idea, como lo hacen algunos, de que creyentes vivos puedan ser
bautizados por personas muertas ni insinuamos que nuestras acciones puedan acortar sentencias que algunos hayan recibido para
estar en el purgatorio.

Además, en la mayoría de los casos la honestidad revelará
que la presencia de la maldad que ha pasado a través de las
generaciones es mucho más que simbólica. Por ejemplo, a medida
que se vuelve más claro para mí que el racismo era el pecado
principal de mi nación, me encuentro saliendo de años y años de
denegación por el hecho de que yo mismo podría estar infec-
tado de racismo. Al fin ahora puedo admitir que aunque nunca
compré ni vendí un esclavo, soy racista también y estoy profundamente arrepentido. Por consiguiente, cuando participo en

arrepentimiento identificatorio, no intento aliviar mi persona de mi responsabilidad por las injusticias que veo a mi alrededor. Tengo la costumbre de confesar mi propio pecado personal mientras confieso también los pecados de mis antepasados.

John Dawson lo resume de esta manera: «El acto de la confesión sincera no se realizará a menos que las personas se identifiquen con las entidades colectivas, tales como la nación de nuestra ciudadanía o la subcultura de nuestros antepasados. Esto nos deja en un mundo de heridas y ofensas en el cual no siempre se reconoce el pecado colectivo, no comienza la reconciliación y los viejos odios se profundizan».[6]

¿Qué quiere decir Dawson con «identificación» en este contexto? Él dice: «Significa la acción de incluirse a conciencia en una categoría identificable de seres humanos».[7]

Como ejemplo, puedo identificarme fácilmente con las injusticias que se cometieron contra los nativos norteamericanos porque mis antepasados estuvieron entre quienes lograron crear las condiciones que obligaron a los indios mohicanos a salir de su valle nativo para ir al Canadá. También me puedo identificar con la inhumana industria de la esclavitud, sencillamente porque soy un blanco estadounidense.

¿PUEDE HABER EN REALIDAD REMISIÓN DE PECADOS DEL PASADO?

Para algunos es difícil aceptar la propuesta de que los cristianos de esta generación puedan hacer algo respecto a lo que sucedió en generaciones pasadas. Por ejemplo, un iracundo lector de la revista *Charisma* respondió a un artículo sobre arrepentimiento identificatorio al escribir con estas palabras: «No siento obligación de pedir perdón por las posibles faltas de cualquier antepasado, ni espero recibir disculpas o recuperar deudas de ese antepasado. Si los indios

---

6. John Dawson, *Healing America's Wounds* [La sanidad de las heridas estadounidenses], Regal Books, Ventura, CA, 1994, p. 30.
7. *Ibíd.*, p. 31.

sienten que mis antepasados ofendieron a los suyos, entonces lo que pueden hacer es pedir que mis antepasados le pidan perdón a los suyos».[8]

Hace tiempo discutí el asunto con un amigo mío que es un respetado erudito bíblico evangélico. Me aseguró que el concepto de remisión de pecados de pasadas generaciones no se enseña en la Biblia ni parece teológica. Muchos otros concuerdan con mi amigo profesor y con el lector de *Charisma*.

Pienso que una de las razones es que nuestra orientación bíblica evangélica se centra más que todo en el Nuevo Testamento, que implícita o explícitamente habla poco del arrepentimiento identificatorio. En el Nuevo Testamento se pueden encontrar muchas enseñanzas acerca de la naturaleza del pecado colectivo y en menor grado se encuentra el concepto de identificación con los pecados de coetáneos. Sin embargo, en el Antiguo Testamento se pueden encontrar muchas enseñanzas acerca del pecado colectivo y de la validez de personas vivas que se identifican con los pecados de quienes hace mucho tiempo abandonaron la tierra.

Por alguna razón pasamos por alto el hecho de que el Nuevo Testamento se basa en el Antiguo. Gary Grieg, quien enseña hebreo y Antiguo Testamento a seminaristas, dice: «Puesto que el Antiguo Testamento era la Biblia de la iglesia neotestamentaria, ofrecía por consiguiente el único modelo bíblico de pecado y confesión disponible para la misma».[9]

Cuando Pablo escribió a Timoteo: «Toda la Escritura es inspirada por Dios, y útil para enseñar, para redargüir, para corregir, para instruir en justicia, a fin de que el hombre de Dios sea perfecto, enteramente preparado para toda buena obra» (2 Timoteo 3.16-17), se refería al Antiguo Testamento, no al Evangelio de Juan ni a 1 Pedro ni al libro de Hechos. Debemos comprender que los apóstoles conocían y enseñaban los principios del Antiguo Testamento, si estamos de acuerdo en que eran creyentes «bíblicos».

---

8. *Charisma*, diciembre de 1993, p. 6.
9. Greig, «La sanidad de la tierra», p. 39.

Ya mencioné la naturaleza colectiva de 2 Crónicas 7.14, donde se afirma que Dios puede y está dispuesto a perdonar o remitir el pecado (colectivo) de su pueblo y sanar su tierra. Algunos podrían discutir que esto tal vez se refiera solo a los pecados de la generación contemporánea, no de pasadas generaciones. Sin embargo, la oración de confesión de Nehemías dice: «Confieso los pecados ... que

---

Debemos comprender que los apóstoles conocían y enseñaban los principios del Antiguo Testamento, si estamos de acuerdo en que eran creyentes «bíblicos».

---

hemos cometido contra ti; sí, yo y *la casa de mi padre* hemos pecado» (1.6, énfasis mío). Así mismo, Daniel dice: «Estaba ... confesando mi pecado y *el pecado de mi pueblo*» (9.20, énfasis mío). En ambos casos Daniel y Nehemías confiesan y se identifican con los pecados de idolatría en generaciones pasadas que ellos no cometieron. Al mismo tiempo reconocen que están afectados personalmente por la maldad resultante de esos pecados.

REMISIÓN DE LA «LIMPIEZA ÉTNICA» DE SAÚL

David era rey cuando Israel sufrió hambre por tres años. Como creía en la oración de doble vía, preguntó a Dios por cualquier razón particular de que su pueblo estuviera sufriendo lo que pronto se convertiría en una situación de vida o muerte. Dios dijo: «Es por causa de Saúl, y por aquella casa de sangre, por cuanto mató a los gabaonitas» (2 Samuel 21.1). En este caso la maldad del pecado de una generación pasada tenía en realidad influencia física sobre una generación siguiente.

Los gabaonitas, que residían en la tierra prometida, habían negociado con éxito un pacto con Josué mediante el cual él los protegería y no los liquidarían como lo estaba haciendo con otros pueblos que ocupaban Canaán en esa época (véase Josué 9). Los israelitas mantuvieron el pacto durante trece generaciones. No hay detalles exactos de cómo y por qué sucedió, pero en cierto momento el rey Saúl, por alguna razón, aparentemente decidió hacer una «limpieza étnica» y masacró a muchos de los gabaonitas. Este grave pecado de romper una promesa solemne no se manejó de manera adecuada en la generación de Saúl, pero Dios no lo olvidó. La maldad se transmitió y la hambruna apareció como juicio.

David no necesitó más explicación. Al ser muy versado en los principios bíblicos de arrepentimiento identificatorio, sabía que la manera de salir de la hambruna era asegurar la remisión del pecado de Saúl, en el cual David no participó en absoluto como individuo. Saúl no podía hacer nada porque ya había desaparecido. Como rey de Israel, era responsabilidad de David tomar acción colectiva para beneficio de su nación.

Entendiendo que no hay remisión de pecado sin derramamiento de sangre, viene entonces la pregunta: ¿Qué sangre se debía derramar? Esta historia develada ha causado bastante discusión entre los eruditos bíblicos debido a que el sacrificio humano es prohibido en la ley judía (véase Deuteronomio 12.31). Puesto que lo sucedido es extraño, se levantan interrogantes acerca de si David estaba actuando en ese momento de acuerdo con la voluntad de Dios. De todas maneras, David llamó a los gabaonitas sobrevivientes y les pidió que decidieran exactamente qué sangre se debía derramar.

David preguntó: «¿Qué haré por vosotros, o qué satisfacción os daré?» Los gabaonitas respondieron que David debía darles siete varones descendientes de sangre de Saúl a quienes ahorcarían y exhibirían sus cadáveres en público. Se sobrentiende que desde que Jesús derramó su sangre ya no son necesarias tales cosas, pero en esa época era diferente. Correcta o incorrectamente, David les dio los siete varones, su sangre se derramó y fue perdonado el pecado del rey Saúl en una generación anterior.

¿El resultado? «Dios fue propicio a la tierra después de esto» (v. 14). ¡La hambruna terminó!

No he encontrado otra enseñanza bíblica más clara relacionada con la sanidad de las heridas del pasado. Los doce apóstoles y otros líderes de la Iglesia primitiva conocían bien la historia de la expiación de los pecados de Saúl. El hecho de que ellos no hayan dado detalles del arrepentimiento identificatorio en ninguno de los evangelios o de las epístolas, no tiene más importancia en mi opinión que el hecho de que en el Antiguo Testamento tampoco se dé explicación respecto al uso de instrumentos musicales en la alabanza a Dios. Debido a esto, denominaciones contemporáneas completas han decidido ser «no instrumentales», sin embargo la sabiduría colectiva del Cuerpo de Cristo a través de los siglos ha obrado de otro modo.

Para la mayoría de nosotros, el hecho de que el Antiguo Testamento haya sido la única Biblia de los apóstoles nos lleva a suponer que los instrumentos musicales sí se utilizaban en las iglesias que ellos fundaron y pastorearon. El mismo procedimiento hermenéutico podría aplicarse igualmente a la aseveración del Antiguo Testamento, de que en tiempos del Nuevo Testamento Dios en verdad desea remitir los pecados de generaciones pasadas.

CUANDO SE LIBERA EL PODER DEL ARREPENTIMIENTO IDENTIFICATORIO

Este es un libro sobre la oración poderosa. De todas las formas de oración que yo podría enumerar, ninguna sobrepasa al potencial de la oración de arrepentimiento identificatorio para abrir el camino a la expansión del evangelio. ¿Por qué? En el capítulo 3 subrayé que la razón primordial por la que los incrédulos no aceptan las buenas nuevas de Jesucristo es que Satanás, el dios de este siglo, cegó su entendimiento (véase 2 Corintios 4.3,4). Dios nos ha provisto de armas poderosas de guerra espiritual, que cuando se utilizan adecuadamente pueden quitar esa ceguera. Sin embargo, en muchos casos las oraciones comunes parecen tener poco efecto debido a que ciertas fortalezas que se han levantado proveen a Satanás un *derecho legal* de continuar con la obra maligna que está haciendo.

Ahora nos estamos percatando de que los pecados de las generaciones pasadas, y la resultante maldad presente en nuestra propia generación, han contribuido a levantar e intensificar esas fortalezas más allá de lo que muchos nos podríamos imaginar. Relacionando esto con la guerra espiritual, la Escritura nos dice:

«Las armas de nuestra milicia no son carnales, sino poderosas en Dios para la destrucción de fortalezas» (2 Corintios 10.4).

Según lo dije antes, una de las categorías de estas fortalezas espirituales es «argumentos», la traducción del griego *logismous* (véase v. 5), que implica que dichas fortalezas se producen a través de ciertas acciones y decisiones humanas. Pecados colectivos tales como la ruptura de Saúl al pacto con los gabaonitas o las centenares de veces que el gobierno estadounidense ha incumplido convenios o «tratados», igualmente válidos para con los indios norteamericanos, constituyen fortalezas que dan al enemigo *derecho legal* para mantener cegadas al evangelio las mentes de los incrédulos y también para robar, matar y destruir mientras lo hace.

El arrepentimiento identificatorio ayuda a derribar dichas fortalezas. Voy a darles un ejemplo.

Los pachangas curan heridas pasadas de los sobobas

Los pachangas y los sobobas son dos pueblos indios que vivían donde hoy es California del Sur. Estos pueblos se volvieron enemigos acérrimos antes de la llegada de los europeos. En cierta ocasión los pachangas, que vivían cerca del hoy día San Diego, invadieron el territorio de los sobobas, que vivían en lo que hoy es Hemet, California, exactamente frente a los montes San Jacinto desde Palm Springs.

Los guerreros de ambas tribus se trenzaron en una fiera batalla. A medida que la lucha se acentuaba, las mujeres y los niños sobobas escaparon y se escondieron del peligro inminente en el cañón de los montes San Jacinto. Los guerreros pachangas se impusieron y una vez derrotados los sobobas siguieron el rastro de las mujeres y los niños en el cañón. No tuvieron misericordia. Cuando los encontraron procedieron a matar a sangre fría a cada uno de los indefensos indios. Hasta hoy día el nombre de este sitio se registra en los mapas como «El Cañón de la Masacre».

Esta matanza proveyó una fortaleza al maligno. Con el paso de las generaciones, los sobobas como grupo se degradaron y se volvieron miserables. La destrucción y la muerte crecieron a tal punto, que hasta no hace muchos años el Departamento del Interior de los

Estados Unidos clasificó la de los sobobas como la más violenta entre más de trescientas reservaciones de los Estados Unidos. El promedio de crímenes era de uno por mes; los sobobas se mataban entre sí.

El Lugar de la Morada

Entretanto los blancos se establecieron en Hemet, que se convirtió en una próspera comunidad de jubilados. Hace algunos años, Bob Beckett y su esposa Susan se trasladaron a Hemet y fundaron allí la iglesia El Lugar de la Morada. Esta iglesia ha gozado de un crecimiento continuo y ahora constituye el hogar espiritual para más de ochocientos creyentes. Bob Beckett se ha levantado como uno de los líderes principales de la cadena de Guerra Espiritual y es un conferencista muy solicitado en los Estados Unidos y otros lugares del mundo. Visita con regularidad mis clases del Seminario Fuller. Además, anualmente llevo a mis estudiantes a Hemet en viajes de estudio.

Cuando su iglesia atravesaba algunas aflicciones, él presidía por muchos años un congreso anual sobre guerra espiritual en Hemet, al que invitaba guerreros espirituales experimentados como Cindy Jacobs y otros. Durante esos congresos, algunos blancos se arrepintieron de los abusos de sus antepasados contra los indios, y se produjo una importante reconciliación. Se plantaron semillas de arrepentimiento identificatorio. Algunos sobobas y pachangas se convirtieron y comenzaron a crecer en su fe.

En determinado momento Bob Beckett discernió que su congregación tenía la suficiente madurez espiritual para tratar de resolver uno de los más apremiantes problemas sociales de la región: la violencia en la reservación soboba, situada fuera de la ciudad en los montes San Jacinto. Mediante intercesores de la iglesia discernieron el tiempo de Dios y fijaron una fecha para intercesión profética, arrepentimiento identificatorio y ciertas acciones proféticas a favor de los indios sobobas. Beckett convocó a sus ancianos e intercesores junto con los sobobas y los pachangas cristianos que para entonces eran miembros de la iglesia.

Se reunieron un día específico, condujeron sus autos y camionetas hacia la entrada del Cañón de la Masacre y se acercaron a través del lecho seco hasta el lugar donde se realizara la masacre y se derramara la inocente sangre de los sobobas. En grupo estuvieron de pie sobre esa tierra profanada y pasaron bastante tiempo adorando y exaltando a Jesucristo como el legítimo Señor del Cañón de la Masacre y del pueblo soboba. Extendieron luego el tiempo de oración y pidieron a Dios que limpiara la tierra en la que estaban de pie de la culpa de pasadas generaciones.

En el momento adecuado, un pachanga cristiano se dirigió en público a un cristiano soboba, confesando el pecado de sus antepasados y pidiendo perdón por la masacre. En todos los ojos había lágrimas cuando el soboba perdonó de corazón al pachanga, ambos identificados con sus tribus y actuando a favor de los líderes de una antigua generación.

De común acuerdo, el grupo pidió a Dios que perdonara el pecado de la masacre y agradecieron luego a Dios por la remisión del pecado en base al derramamiento de sangre de Jesucristo. Para conmemorar la muerte de Jesús tomaron la Santa Cena, dejando un poco de vino para derramarlo sobre la tierra. Rogaron juntos porque el poder de la sangre de Cristo eclipsara el poder maligno de la sangre inocente que una vez se derramara allí.

Estacas en la tierra

Después de la Santa Comunión, Bob Beckett llevó a cabo un acto profético al «estacar la tierra». Había llevado una estaca de un metro de largo y cinco centímetros a cada lado, con punta en un extremo y que tenía referencias bíblicas escritas en los cuatro lados. En oración y con gran fe clavó la estaca en tierra como hecho profético de sellar la transacción espiritual que se había realizado. Cuando terminó, todos los asistentes tomaron del Cañón de la Masacre una piedra del tamaño de una toronja y en sus vehículos recorrieron la corta distancia de los montes San Jacinto hasta la reservación soboba.

Con anticipación Beckett había obtenido permiso del jefe soboba para entrar en la reservación y orar por esas personas. Sin permiso no se hubieran atrevido a acercarse. Una trabajadora social del condado me dijo que nunca fue a la reservación debido a que cada vez que lo intentaba había recibido impactos de bala en su camioneta. La violencia era desenfrenada y sin control.

Una vez en la reservación el grupo se reunió en el cementerio. La cartografía espiritual hecha con anterioridad mostró que el asiento de los poderes de la oscuridad estaba localizado allí. Tuvieron de nuevo otro prolongado tiempo de adoración seguido de oración poderosa. En el momento preciso, Bob Beckett clavó en tierra una segunda estaca esta vez rompiendo la maldición de violencia sobre la reservación soboba. Luego el grupo en actitud solemne apiló sus piedras como recordatorio, se dirigieron a sus vehículos y regresaron a sus hogares. ¿Qué sucedió?

De violencia a cosecha

La acción pública de arrepentimiento identificatorio que describí se realizó en agosto de 1992. Desde entonces, cuatro años después, no se ha cometido ningún asesinato en la reservación a excepción de una muerte que se produjo en un contexto ajeno a este asunto. Los hechos violentos que antes eran la regla normal de conducta son ahora la excepción. Los trabajadores sociales van y vienen a voluntad y desapareció el velo satánico cegador. La tercera parte de los sobobas se han convertido, entre ellos un shamán de la tribu. ¡Él sirve ahora como líder de ujieres en El Lugar de la Morada!

En un reciente viaje campestre, mis estudiantes de Fuller y yo vimos una enorme tienda blanca en la que se realizaban cultos evangelísticos en los que se salvaban varias personas todas las noches. Además, llegan informes de que el avivamiento se extendió a otros diez pueblos indios en el sur de California.

Ya sean bautistas del sur, intercesores japoneses, gabaonitas, Guardadores de Promesas o indios sobobas, un creciente número de personas pueden testificar que Dios nos ha dado en verdad el poder de sanar el pasado.

PREGUNTAS DE REFLEXIÓN

1. ¿En qué sentido es correcto decir que la Gran Comisión se puede cumplir en nuestra generación?
2. ¿Por qué supone que las generaciones pasadas de cristianos no reconocieron o enseñaron el arrepentimiento identificatorio?

3. Explique lo mejor que pueda la diferencia entre el pecado y la iniquidad.
4. Enumere algunos pecados colectivos con los que usted pueda identificarse en persona, aun cuando no sean necesariamente sus propios pecados. ¿Cree que valdría la pena arrepentirse por cualquiera de ellos? ¿Deberían otros hacerlo con usted?

La oración fresca es vigor para su iglesia

LA IGLESIA ES LA INCUBADORA DE LA ORACIÓN PODEROSA EN cualquier nivel. Al incrementarse el vigor de la oración en nuestras iglesias, como ha sucedido dramáticamente en Estados Unidos desde 1990, los efectos se extenderán por toda la vasta comunidad cristiana de modo proporcional y el Reino de Dios avanzará de manera irresistible.

«A POCA ORACIÓN, POCO PODER»

El movimiento hacia la oración poderosa se inició en China mucho antes de 1990. En parte, como resultado de esto, China es probablemente la nación del mundo que al momento de escribir este libro presenta el mayor crecimiento congregacional semana tras semana y mes tras mes. La mayoría de las iglesias en esa nación no tienen semejanza en absoluto con las de la comunidad de usted.

Puesto que el gobierno chino es marxista, no favorece en lo más mínimo al cristianismo. Por el contrario, trata de convencer al pueblo, aunque sin mucho éxito, que el cristianismo es una «religión extranjera».

Un grupo relativamente pequeño de chinos cristianos se reúnen en templos como los nuestros y están inscritos en el gobierno. Sin embargo, la mayoría se reúnen como iglesia en los hogares e intentan mantenerse hasta donde les sea posible fuera de la vista del público en general y de los oficiales gubernamentales. Cada semana nacen cientos de nuevas iglesias en los hogares. ¡Algunos investigadores calculan que treinta y cinco mil chinos cada día aceptan a Jesús como Señor y Salvador!

¿Cómo puede suceder esto? ¿Cómo puede ocurrir uno de los mayores crecimientos congregacionales en el mundo, bajo un gobierno empeñado en obstaculizar la expansión del evangelio de todas las maneras imaginables? Sucede por medio de la oración.

Un investigador que prefiere permanecer en el anonimato informa: «Parece que la característica más distinguida del crecimiento de la iglesia hoy día en China es la vida disciplinada de oración de cada creyente. Los cristianos chinos piden al Señor (1) un espíritu vigilante y de oración; (2) una carga para orar por otros; (3) tiempo y lugar para orar; (4) energía para orar con compañeros trabajadores; y (5) palabras adecuadas para utilizar en la oración. De esta manera quieren ser un clarín que llama a todo el pueblo a más oración».[1] ¡Me gusta la forma en que los chinos utilizan mucho de su tiempo de oración para orar por más y mejor tiempo de oración! No asombra que sus iglesias sean una espiral ascendente en cantidad y calidad.

Hace poco recibí un informe respecto a un evangelista al que se refiere sencillamente como el hermano Yeng. Su ayudante estaba predicando en una reunión evangelística en una aldea donde no se había predicado antes el evangelio. Algunos pandilleros que habían

---

1. Este informe se encuentra en *The Coming Influence of China* [La venidera influencia de China], de Carl Lawrence y David Wang, Vision House Publishing, Inc., Gresham, OR, 1996, p. 52.

oído hablar de la reunión, irrumpieron con el fin de causar problemas. El hermano Yeng se hizo cargo del púlpito tan pronto vio que ellos entraban. Sintió que el Espíritu Santo le decía que los pandilleros habían decidido interrumpir la reunión porque no conocían la grandeza de Dios. Por lo tanto, ¿qué hizo? Oró y dijo: «Dios, muestra, por favor, a estas personas que eres un Dios grande y poderoso. Por favor, ¡realiza un milagro!»

Al sentir el influjo del poder del Espíritu Santo en respuesta a su oración, el hermano Yeng dijo lleno de valor: «¿Hay aquí alguien sordo?» Una mujer pasó adelante llevando a otra mujer sorda que obviamente no había oído la pregunta. El hermano Yeng oró porque Dios sanara la sorda, ¡y ella sanó de inmediato! Invitó luego a todos los demás que fueran sordos a pasar adelante, y por la gracia de Dios sanaron ante los ojos del público.

Los cristianos chinos tienen un lema muy conocido: «A poca oración, poco poder; a ninguna oración, ningún poder».

Entonces varias personas salieron corriendo de la reunión para regresar con parientes enfermos. ¿Los pandilleros? Asombrados de lo que veían cambiaron rápidamente su actitud hacia los cristianos y se fueron aprisa a sus hogares para también regresar con los miembros enfermos en sus familias. ¡Antes de finalizar la noche sanaron de inmediato seis de los ocho paralíticos por los que oraron!

El informe continúa diciendo: «Debido a los milagros, ¡toda la aldea, incluso los pandilleros, creyeron en Jesús!»[2] Los cristianos chinos tienen un lema muy conocido: «A poca oración, poco poder; a ninguna oración, ningún poder».[3]

---

2. De Internet, «Ministerios Chinos Nueva Vid», @grmi.org, 25 de febrero de 1996.

3. Lawrence, *The Coming Influence*, p. 52.

¿SE PUEDE CONVERTIR SU IGLESIA EN UNA CASA DE ORACIÓN?

Algunas de las palabras más citadas de Jesús fueron las declaradas cuando expulsó del templo de Jerusalén a los mercaderes. Él dijo: «Escrito está: Mi casa, casa de oración será llamada» (Mateo 21.13). Desde entonces muchos lo han aplicado a sus iglesias y han orado: «Dios, convierte, por favor, nuestra iglesia en casa de oración».

Como resultado del creciente impulso del movimiento contemporáneo de oración, más y más iglesias en los Estados Unidos y en otras partes del mundo pueden ahora aceptar a conciencia la designación de «casas de oración». Estoy seguro que la cantidad de tales iglesias es hoy día más grande que nunca antes en la historia, sea que se midan por simples números o por porcentaje de las iglesias existentes.

Uno de los libros de oración más excelentes en la iglesia local fue escrito por dos amigos míos, Glen Martin y Dian Ginter. Me encanta el título: *Power House: A Step-by-Step Guide to Building a Church That Prays* [Casa de poder: una guía gradual para levantar una iglesia que ora]. Hablan de iglesias que son verdaderas casas de oración (en contraste con iglesias que sencillamente tienen un ministerio de oración de alguna clase). Ellos formulan tan buenas descripciones como esta:

«La verdadera casa poderosa de oración estará saturada de oraciones que cubren cada aspecto de su vida individual y colectiva. Hacer suficiente oración es lo primero que se hará al planificar, reunirse, etc. Habrá enseñanza sobre la oración desde el púlpito, en las clases de Escuela Dominical y al establecer grupos pequeños. Las personas pensarán que la oración es un factor importante que debe usarse antes de resolver cualquier problema. Toda la congregación estará en algún grado inmersa en la oración. La oración tendrá una posición fundamental en la vida del individuo y de la iglesia como un todo».[4]

---

4. Glen Martin y Dian Ginter, *Power House: A Step-by-Step Guide to Building a Church That Prays* [Casa de poder: una guía gradual para levantar una iglesia que ora], Broadman & Holman Publishers, Nashville, 1994, p. 17.

Observe que Martin y Ginter resaltan que una iglesia vitalizada por la oración verá la oración en acción, tanto a nivel individual en la membresía como a nivel colectivo de la iglesia como un todo. Las encuestas muestran que prácticamente todos los cristianos (y también la mayoría de los que no lo son) creen en la oración. La mayoría ora de vez en cuando. Sin embargo, excepto para dar gracias por los alimentos y de orar cuando pasan crisis ocasionales, a muchos cristianos les falta una actitud continua de oración como parte de su estilo normal de vida. Algunos no separan diariamente un tiempo para hablar con Dios y escucharlo. Los miembros de iglesias que son casas de oración tienden a superar esa mediocridad espiritual y desarrollan una comunicación continua con su Padre. Empiezan a sentir extraña la vida sin oración.

LA CLAVE: EL PASTOR PRINCIPAL

Es muy raro, si alguna vez ocurre, que una iglesia despierte una mañana y se encuentre convertida en casa de oración.

Un dicho frecuente del líder de oración es: «Lo que se *gana* por medio de la intercesión se debe *mantener* por medio de la intercesión».

He oído historias de que a veces ocurre mediante un avivamiento, pero aun en esos casos el avivamiento no llega de ordinario a través de un vacío de oración. Casi siempre llega como respuesta de Dios a los miembros de la iglesia que ya estaban orando. La transición a una casa de oración sucederá probablemente mediante acciones intencionales de los líderes de la iglesia. La persona clave es el pastor principal.

Al ayudar a los pastores durante más de un cuarto de siglo a entender las dinámicas del crecimiento congregacional, saco como conclusión que muchos de ellos emplean mucho tiempo y energía en cosas equivocadas. Por lo tanto trato de ayudarles a reajustar sus prioridades de liderazgo. Animo continuamente a los pastores a delegar más y más de lo que han estado haciendo a laicos con dones. Les cito la Biblia y les recuerdo que uno de los papeles principales de los pastores es «perfeccionar a los santos para la obra del ministerio» (Efesios 4.12). También les aconsejo que *dos elementos que no pueden* delegar si quieren que su iglesia crezca, son: su liderazgo y su fe (o visión).

Más recientemente, como resultado de mis estudios de la vida de oración de las iglesias locales, me he visto obligado, aunque de mala gana al principio, a agregar un tercer elemento a la lista de lo que un pastor no debería delegar. Si la iglesia se va a convertir en una casa de oración, el pastor principal debe lanzar la visión y asumir el liderazgo del ministerio de oración de la iglesia. Esto no quiere decir que el pastor no puede delegar la administración y la *implementación* del ministerio de oración. Esto *se debería* delegar a las varias clases de intercesores y líderes de oración.

Todos los miembros de la iglesia deben saber sin duda alguna que para su pastor la oración es primordial en su vida personal y ministerio. Si este es el caso, la oración emergerá en el púlpito de modo constante. Muy difícilmente se puede predicar un sermón sin reconocer el poder de la oración. En conversaciones casuales, el pastor pondrá la oración en la agenda con tanta frecuencia como cualquier otro tema. Los testimonios de oraciones contestadas serán comunes en la vida de la iglesia. El pastor se jactará ante otros, en el buen sentido de la expresión, de la vida de oración de las personas y de la congregación como un todo, y le dará la gloria a Dios.

Vida de oración en «La Cueva de Oración»

En el capítulo 1 narré la historia de cómo La Cueva de Oración de Kiambu, Kenia, se fundó mediante la oración poderosa. Un dicho frecuente de los líderes de oración es: «Lo que se *gana* por medio de la intercesión se debe *mantener* por medio de la intercesión». El pastor Thomas Muthee debe creer esto, porque no queda la menor duda de que la oración sigue siendo primordial para la iglesia que él pastorea. Su iglesia es un ejemplo extraordinario de una casa de oración, y él como pastor principal provee liderazgo dispuesto para el continuo ministerio de oración.

Los sábados por la mañana todo el personal pastoral de La Cueva de Oración, incluyendo al pastor principal, se reúnen con los intercesores y oran de siete de la mañana a doce del mediodía. Uno de los ancianos trabaja a tiempo completo para administrar y coordinar las actividades de oración de la iglesia. El equipo de intercesión designado de la iglesia es de casi cuatrocientos miembros, doce de los cuales sirven específicamente como «intercesores de crisis» de alto nivel, a los que Thomas Muthee llama «escuadrón de choque». Ellos tienen dotes especiales de discernimiento e intercesión profética. Pueden pasar tres o cuatro días seguidos en el diminuto cuarto de oración llamado «la estación generadora», que se construyó exactamente al lado del templo. Los intercesores ocupan la estación generadora, orando veinticuatro horas al día. Una vez al mes hay un retiro de oración solo para intercesores, llamado el «ministerio del bosque», y se reúnen en el bosque de ocho y treinta de la mañana a cinco de la tarde.

«La oración es el medio por el cual nos fundimos con Dios a tal extremo que Él puede fluir con facilidad en nuestros asuntos y nosotros podemos fluir con facilidad en los asuntos de Dios».

Se realiza una reunión diaria de oración llamada «gloria en la mañana» desde las cinco hasta las seis y treinta de la mañana. Esta se combina cada tarde con la «operación tormenta de oración». Los viernes en la noche la iglesia auspicia una vigilia de oración de nueve de la noche a seis de la mañana. La fraternidad de hombres, el ministerio de jóvenes, el grupo de damas y el ministerio de niños tienen cada uno un equipo fiel de oración para cubrir cada área particular. A los estudiantes de la escuela bíblica se les exige orar dos horas al día como parte de su programa: diariamente hay una reunión de oración de ocho a nueve de la mañana y otra de dos a tres de la tarde.

DIMENSIONES VERTICAL Y HORIZONTAL

Escuché lo que dijo Thomas Muthee: «¿Por qué damos tanto énfasis a la oración en La Cueva de Oración? Esta es el medio por el cual nos fundimos con Dios a tal extremo que Él puede fluir con facilidad en nuestros asuntos y nosotros podemos fluir con facilidad en los asuntos de Dios».

Fluir en los asuntos de Dios es una analogía excelente para la teología de oración. Esto se aplica para la dimensión vertical: nuestra relación con Dios. También me gusta lo que Glen Martin y Dian Ginter añaden para mostrar cómo la oración puede afectar la dimensión horizontal o interpersonal de la vida de la iglesia. Dicen que la oración trabaja como el aceite: «La oración ofrece la lubricación para la iglesia, de tal manera que todos los miembros puedan calzar perfectamente, trabajando unidos sin fricciones, para desarrollar una tarea que no podrían lograr por sus propios medios».[5]

Sería fácil suponer que no hay diferencia entre las muchas clases de oración que se necesitan en una iglesia. Muthee, por ejemplo, establece una diferencia clara entre los llamados intercesores y los que no lo son. A un grupo pequeño entre los intercesores se les considera como «escuadrón de choque» y reciben asignaciones de oración especiales y a menudo confidenciales.

Martin y Ginter señalan que si la oración es como el aceite, y se necesitan diferentes tipos de aceite para las diferentes clases de máquinas. Dicen: «El mismo concepto se aplica a la oración. Hay diferentes clases de oración para diferentes tipos de situaciones. Dios nos muestra cómo orar para obtener ciertos resultados, confesar cuando es adecuado, interceder por otros y hacer guerra espiritual en situaciones específicas. Cada una llena una necesidad y cuando se usan de manera adecuada pueden ser el mismo aceite que hace correr mejor nuestras vidas e iglesias».[6]

---

5. *Íbid.*, p. 15.
6. *Íbid.*, p. 16.

LA ORACIÓN Y EL CRECIMIENTO CONGREGACIONAL

Me interesé en el movimiento de oración hace varios años debido principalmente a que deseaba entender qué relación había entre la oración y el crecimiento o estancamiento de las iglesias. Esto se podría esperar puesto que soy profesor de crecimiento congregacional. Pensé que sería una tarea fácil y que encontraría que las iglesias que oraban más crecían más y las que oraban menos crecían menos. Después de todo, esto es lo que había escuchado en sermones acerca de la oración. La mayoría de mis amigos suponían que era cierto.

Mi primera sorpresa fue que no se había hecho casi ninguna previa investigación sobre el tema. Aparentemente era tan firme el hecho de suponer que había una positiva correlación directa entre la oración y el crecimiento de la iglesia, que la investigación parecía superflua. Pasé muchos años estudiando el crecimiento de las iglesias estadounidenses, entrevistando sus pastores y analizando sus dinámicas de crecimiento.

En los dos primeros libros que escribí acerca del crecimiento congregacional estadounidense, ¡la referencia que hice a la oración no fue tan importante como para que apareciera en la tabla de contenido! ¡En el tercero escribí un artículo de doscientas dieciocho páginas acerca de la oración! Al ir de iglesia en iglesia, casi todas en crecimiento, la oración casi nunca fue un tema de conversación con los pastores. Llegué a la conclusión de que ser una «casa de oración», como la habíamos estado definiendo, no era necesariamente un prerrequisito para el crecimiento congregacional.

Mis dudas se incrementaron cuando leí tres influyentes libros de líderes con gran nivel en el cristianismo evangélico. El primero, de Tony Campolo y Gordon Aeschliman, se titula *101 Ways Your Church Can Change the World* [Ciento una maneras en que su iglesia puede cambiar al mundo]. ¡Ninguna de las ciento una maneras es la oración! Los siguientes dos libros fueron aun más importantes para mí, ya que los autores están entre las más eminentes figuras en el movimiento de crecimiento de la iglesia. Los autores, Bill Hybels y John Vaughan, son amigos míos y saben que el tono de este comentario no es de crítica, sino más bien de admisión mutua de que tal vez no siempre somos tan francos como podríamos serlo al discutir el papel de la oración en el crecimiento de la iglesia.

Bill Hybels es pastor de la ampliamente considerada como la iglesia más influyente en Estados Unidos al momento de escribir este libro: la Willow Creek Community Church en North Barrington, Illinois. Un libro reciente que él escribió con su esposa Lynne, se titula *Rediscovering Church: The Story and Vision of Willow Creek Community Church* [Redescubrimiento de la iglesia: La historia y visión de la Iglesia Comunitaria de Willow Creek]. Se trata de un libro de gran calidad y visión, que lleva mi recomendación personal en la cubierta posterior. La primera parte habla sobre la historia de la iglesia. La segunda parte analiza los principios de crecimiento empleados, tales como los seis elementos más importantes que abarcan la visión de la iglesia, una estrategia de siete pasos para implementar la visión, diez valores que distinguen al movimiento y cinco cualidades de un verdadero seguidor de Cristo. Es curioso que ide los veintiocho artículos o dinámicas de crecimiento en la segunda parte, ninguna es la oración!

John Vaughan dirige el Megachurch Research Center [Centro de Investigación de Megaiglesias] en Bolívar, Missouri. Este hombre está reconocido en los Estados Unidos como posiblemente la figura más destacada en relación a superiglesias, que por definición cuentan con más de dos mil asistentes los domingos. En mis clases del Seminario Fuller utilizo su excelente libro, *Megachurches and America's Cities* [Las megaiglesias y las ciudades de Estados Unidos]. Uno de sus capítulos clave es «Cambios previsibles en iglesias crecientes», en el que Vaughan analiza con sumo cuidado las características de las superiglesias que parecen diferenciarlas de las iglesias pequeñas y sin crecimiento en la nación. Vaughan enumera veinte de estos principios de crecimiento, ¡ninguno de los cuales es la oración!

Tanto Hybels como Vaughan creen profundamente en la oración y la utilizan en sus propias vidas. Bill Hybels escribió un libro completo sobre la vida de oración: *Too Busy Not to Pray* [Demasiado ocupado como para no orar]. Si usted preguntara a cualquiera de los dos qué papel desempeña la oración en el crecimiento de las iglesias, seguramente escucharía un monólogo de veinte minutos, en el que afirmarían con profunda convicción que sin oración poderosa las grandes e influyentes iglesias nunca habrían podido crecer como lo han hecho. Asegurarían que es Dios y solo Dios quien da el crecimiento. Esto me ayudó a comenzar a entender que el simple hecho de que los pastores de las iglesias crecientes tal vez no incluyan la oración en sus listas de factores principales de crecimiento, no necesariamente quiere decir que consideren la oración como algo secundario.

«LA ORACIÓN ES UN FACTOR IMPORTANTE»

Mi amigo Thom Rainer, del Seminario Teológico Bautista del Sur de Louisville, Kentucky, le dio sustancia a lo que yo había esperado. Él estudió quinientas setenta y seis de las iglesias más evangelizadoras que pudo encontrar en Estados Unidos. Sin embargo, no aguardó para ver si los pastores, por sí mismos, mencionaban la oración como un factor de evangelización. Incluyó la oración en la lista de factores que hizo que los pastores evaluaran. Para mi gran alivio, encontró que «casi el setenta por ciento de las iglesias consideran a la oración como el factor *principal* en su éxito evangelizador» (cursivas suyas).[7]

He aquí algunas de las cosas que dijeron los pastores de estas crecientes iglesias: «La oración colectiva explica el giro evangelizador en nuestra iglesia»; «Creo que una de las razones primordiales por las que Dios tiene su mano sobre nuestra iglesia se debe a nuestro compromiso con base en la oración»; «¿Nuestro crecimiento a través de conversiones? Es el resultado de nuestro ministerio de oración de siete días a la semana».[8]

Rainer dice: «Por tanto, concluimos con seguridad que las iglesias evangelizadoras más crecientes son también iglesias de oración».[9]

Tommy Barnett, de la inmensa Primera Asamblea de Dios en Phoenix, Arizona, cuenta cómo la oración y la evangelización

---

7. Thom Rainer, *Effective Evangelistic Churches* [Iglesias evangelizadoras eficaces], Broadman & Holman Publishers, Nashville, 1996, p. 67.
8. Íbid., p. 69.
9. Íbid., p. 71.

dieron un vuelco a su iglesia. Un domingo predicó sobre la oración y el avivamiento y recibió una tremenda respuesta muy entusiasta de la congregación. Luego anunció que estaría comenzando un culto de oración los lunes a las seis de la mañana. Al siguiente día no menos de mil personas fueron a orar.

Barnett dice: «Cuando comenzamos a orar empezaron a suceder cosas en nuestra iglesia. Muchas personas se salvaron. Pusimos un pastor en la iglesia veinticuatro horas al día, a fin de que las personas pudieran llevar a los perdidos para recibir salvación. Además alguien estaba disponible a toda hora para bautizar a los recién convertidos». ¿Era esto tan solo mucho ruido y pocas nueces? ¡No! Tommy Barnett añade: «El avivamiento no se detuvo. Nuestra gente comenzó a ayunar, a orar y a buscar a Dios de manera diligente, sincera y sistemática. Luego salieron a testificar a las calles a fin de ganar almas para Cristo Jesús».[10]

La congregación más grande y de crecimiento más rápido en la costa oriental al momento de este escrito, es la Iglesia Comunitaria de Saddleback Valley en el condado Orange, California. La asistencia semanal comúnmente llega a trece mil. La oración constituye una gran prioridad para el pastor Rick Warren, un amigo muy apreciado. En una carta reciente, Warren me dijo: «Consideramos que la oración y el crecimiento se encuentran tan íntimamente ligados, que uno de los requisitos para la membresía es comprometerse a orar por el crecimiento de Saddleback. Si usted no se compromete con esto no puede ser parte, porque este es uno de los componentes del convenio de membresía que debe firmar». Warren continúa: «¡No sé de otra iglesia en Estados Unidos que para su crecimiento *exija* orar a sus miembros!»[11]

En este punto, no quiero que se me malentienda. No estoy insinuando que a mayor oración, mayor crecimiento de la iglesia. El crecimiento de la iglesia es algo mucho más complejo. Muchas

---

10. Tommy Barnett, «El avivamiento se inicia con oración», *Enrichment* [Enriquecimiento], otoño de 1996, p. 24.

11. Carta personal escrita por Rick Warren, del 20 de diciembre de 1996, y dirigida al autor.

iglesias que no crecen cuentan con dinámicos ministerios de oración, pero faltan otros factores. Concuerdo con Rick Warren cuando dice: «Alguien debe afirmar audazmente: La oración por sí sola no da crecimiento a una iglesia». Él recalca que «La oración *es* esencial», pero continúa observando: «Se necesita más que oración en el crecimiento de una iglesia. Se requiere habilidad para la acción.[12] Habiendo dicho esto, sigamos con las reglas básicas de oración.

ORAR DE ACUERDO A LAS REGLAS

Como lo he dicho muchas veces, no toda oración es igual. Esto se aplica a la vida de oración y al ministerio de una iglesia local tanto o más que a cualquier otra actividad de oración. En *Iglesias que oran*, otro libro de la Serie *Guerrero en oración* (véanse páginas 46-56), enumero cuatro reglas de oración que repito aquí pero con menos detalles y con algunos otros énfasis. Un pastor que quiere llevar su iglesia a ser una verdadera casa de oración se debería asegurar que estas reglas estén entretejidas en la misma tela de la congregación en todo nivel.

Regla 1: Orar con fe. «Sin fe es imposible agradar a Dios» (Hebreos 11.6). La fe en la oración es creer que Dios responderá la oración. Aquí es donde se vuelve importante la oración de doble vía que discutí en el capítulo 2. Hasta el punto que podemos oír de Dios nos unimos a Jesús, que dijo: «No puede el Hijo hacer nada por sí mismo, sino lo que ve hacer al Padre» (Juan 5.19). Podemos orar con mucha más fe si en una situación dada oímos de Dios y conocemos su voluntad. «Si pedimos alguna cosa conforme a su voluntad, Él nos oye» (1 Juan 5.14).

A la larga nada levanta más nuestra fe en la oración que la seguridad en que nuestras oraciones son contestadas. Una falla común que he encontrado, incluso en iglesias que tienen fuertes ministerios de oración, es que no se comunican las respuestas a las

12. Rick Warren, *The Purpose Driven Church* [Iglesia dirigida con propósito], Zondervan Publishing House, Grand Rapids, 1995, p. 58.

oraciones con la debida frecuencia a quienes han orado. Una cosa es creer que la Biblia enseña que Dios contesta las oraciones, como lo hacen la mayoría de personas que oran, pero eso no es suficiente. Hemos desarrollado maneras muy eficientes de colocar *peticiones* de oración en manos de las personas, pero estamos muy lejos de hacer lo mismo con las *respuestas* a las oraciones. Toda respuesta positiva que hacemos saber edifica la fe de quienes han orado y por consiguiente sus oraciones futuras son más poderosas porque tienen más fe.

Una iglesia que visité apartó un salón grande al que los miembros de la congregación venían a orar durante la semana. Siempre había personas orando allí, algunas por períodos más largos que otras. Sobre la pared del lado derecho del salón había una cartelera en la que se colocaban las solicitudes de oración. Los intercesores tomaban las solicitudes de su preferencia, oraban por ellas y las volvían a pegar en la cartelera. En la pared del lado izquierdo había otra enorme cartelera en la que se adherían las solicitudes contestadas. Los intercesores tomaban también estas respuestas y alababan a Dios por su fidelidad y poder. Toda respuesta levantaba la fe de la congregación y florecía el ministerio de oración.

Regla 2: Orar con un corazón puro. La eficacia de la oración depende de nuestra relación con Dios. Mientras más cerca estemos de Dios y mientras mayor sea nuestra intimidad con Él, podemos saber con más exactitud su voluntad y serán más poderosas nuestras oraciones. Si permitimos que entren en nuestra vida cosas como pecados inconfesos, malas actitudes, hábitos inadecuados o motivos dudosos, no podemos mantener la relación con Dios como deseamos. Si tal es el caso, debemos tomar medidas inmediatas para limpiar estas cosas en nuestra vida. Él nos ha dado medios para hacerlo, aunque a menudo necesitamos buscar la ayuda de otros que nos ministren y nos ayuden a ser libres.

El ayuno es uno de los medios que Dios nos provee para tener una relación más íntima con Él. Alice Smith, una de las intercesoras personales de Doris y mía, dice: «El discernimiento espiritual es uno de los varios beneficios cuando se ayuna. El ayuno agudiza nuestra capacidad de discernir el reino de la luz y el reino de la oscuridad.

El discernimiento realza nuestra capacidad de ver la perspectiva divina en una situación dada».[13]

El ayuno fue uno de esos elementos que la mayoría de líderes cristianos que yo conocía, entre los que me encontraba yo, pasamos por alto hasta que nos llegó esta notable década de los noventa. Ahora parece que nos esforzamos para compensar el tiempo perdido. La amplia cobertura de la comunicación masiva que se dio a los cuarenta días de ayuno de Bill Bright, y los acontecimientos posteriores de ayuno y oración que miles de líderes han realizado, crearon un clima diferente. Hasta donde recuerdo, por primera vez el ayuno se volvió popular en los Estados Unidos. Nos gusta hablar de él en

---

La consecuencia neta (de ayunar), como puedo verla, es llevar en gran medida al pueblo de Dios más cerca de Él de lo que ha estado, lo que ayudará a purificar nuestros corazones de tal manera que nuestras oraciones sean más poderosas.

---

vez de mantenerlo en secreto cuando lo hacemos. Excelentes libros sobre el tema, como el de Elmer L. Towns, *Fasting for Spiritual Breakthrough* [Ayunar para un gran avance espiritual], están dando un entendimiento profundo del ayuno como nunca lo habíamos tenido. Hablo más del ayuno en el capítulo 10.

La consecuencia neta (de ayunar), como puedo verla, es llevar en gran medida al pueblo de Dios más cerca de Él de lo que ha estado, lo que ayudará a purificar nuestros corazones de tal manera que nuestras oraciones sean más poderosas.

Regla 3: Orar con poder. Después de que nací de nuevo siendo adulto me alimenté de una tradición evangélica que reconocía al

---

13. Alice Smith, *Power Prayer: Instruction on Prayer & Fasting* [Oración de poder: Instrucciones sobre la oración y el ayuno], Alice Smith, 7710-T Cherry Park Drive, Suite 224, Houston, TX 77095, 1996, p. 2.

Espíritu Santo como parte de la Trinidad, pero nada más. Nos sentíamos un poco avergonzados cuando grupos como los pentecostales parecían hablar demasiado acerca del Espíritu Santo. Tendíamos también a quejarnos unos a otros de que su énfasis en el Espíritu Santo estaba alejando la gloria de Jesús, la persona de la Trinidad que realmente la merecía. Fallamos en comprender que al apagar al Espíritu, lo que en realidad hacíamos (aunque lo hubiéramos negado), estábamos entre otras cosas debilitando nuestras oraciones. Entendíamos solo superficialmente lo que quiso decir Pablo cuando manifestó: «Orando en todo tiempo con toda oración y súplica *en el Espíritu*» (Efesios 6.18, énfasis mío).

La primera vez que Jesús dijo a sus discípulos que iba a dejarlos, se produjo una gran conmoción. Pedro debatió con tanto vigor que Jesús le dijo: «¡Quítate de delante de mí, Satanás!» (Mateo 16.23). Sin embargo, cuando se tranquilizaron, Él les dijo que si los dejaba era por el *bien* de ellos. ¿Cómo podría ser?

Jesús dijo: «Yo os digo la verdad: Os conviene que yo me vaya; porque si no me fuese, el Consolador no vendría a vosotros; mas si me fuere, os lo enviaré» (Juan 16.7). En otras palabras, les dijo a sus discípulos que, para la obra a la que los había llamado a hacer, estarían mejor con la presencia inmediata de la *Tercera* Persona de la Trinidad que con la *Segunda* Persona.

Hoy día no soy el único que reconozco el papel crucial del Espíritu Santo en nuestras vidas y ministerios. Como resultado he sacado muchas de mis anteriores inhibiciones al hablar del poder y los dones del Espíritu Santo y me he apropiado abiertamente de ellos en mi vida personal y ministerio. Mi nuevo entusiasmo por las cosas espirituales tiene su precio. Aunque a decir verdad no me han rechazado, muchos de mis viejos amigos han decidido que estarían más cómodos manteniéndome a distancia porque yo les parecía «demasiado carismático». Aun así, todavía creo que en el grado en que recibamos la llenura del Espíritu Santo y operemos en todos los dones del Espíritu, nuestras oraciones serán más poderosas.

Regla 4: Orar con perseverancia. Voy a elaborar esta regla exponiendo un testimonio personal de Singapur. Gordon Tan es un médico de Singapur que había decidido creer que podría adquirir sin Dios lo que necesitara en la vida, hasta que su hermosa esposa, Kim Li, desarrolló una especie de cáncer. Los exámenes mostraban que cierta hormona había alcanzado un peligroso nivel de 10.000 unids/litro. Si no bajaba en pocas semanas sería necesario un tratamiento radical. Por primera vez Gordon decidió orar a Jesús. La semana siguiente el nivel permaneció en diez mil unidades/litro. Él dijo: «Continué orando, pero sentía que oraba a una pared. No había respuesta de Dios. Me sentí abandonado por Jesús, olvidando que yo fui quien antes lo había abandonado».

En pocas semanas la cuenta subió a veinte mil unidades, precipitando una crisis. De cinco médicos que trataban el caso, cuatro exigieron tratamiento inmediato contra el cáncer. Uno quería esperar una semana más y Gordon escogió esa opción. Él dijo: «En esta fase, yo estaba despedazado. Toda mi vida aparecía destrozada. ¿Dónde estaba este Dios al que había orado durante cuatro semanas enteras?» Desesperado, llamó al obispo anglicano y le pidió que fuera al hospital, ungiera a su esposa con aceite y orara por su sanidad. Cuando lo hizo, Kim Li sintió una subida de tensión a través de su cuerpo que le habría causado un colapso si no hubiera estado sentada.

El doctor Tan dice: «Esa noche llegué ante Dios quebrantado como un niño. Durante cuatro semanas completas había estado clamando en mis propios términos: "¡Sánala! ¡Sánala!" En esas cuatro semanas había estado negociando con Dios: "Señor, sánala. Sánala y haré lo que quieras". Esa noche me rendí por completo al Señor. Mañana se sabrán los resultados del crucial análisis de sangre. Oré: "Señor Jesús, he caído de un desfiladero. Ahora estoy a cinco centímetros de las rocas. Si tú no me salvas ahora, estoy liquidado. Pero Señor, que se haga tu voluntad"».

Al día siguiente el análisis de sangre bajó a mil cuatrocientos y pronto estuvo en cero. ¡Kim Li había sanado milagrosamente!

Reflexionando en lo que al principio parecía una oración sin respuesta, Gordon Tan se regocija de haber tenido persistencia, aunque en un nivel bajo de fe, para continuar suplicando a Dios. Lo resume diciendo: «Durante ese tiempo mi orgullo se estaba quebrantando lentamente hasta que era una masilla ante Él. Pero Dios me salvó justo antes de estallar. El Señor necesitaba ese tiempo para quebrantarme hasta que llegara ante Él como un niño para poderme construir de nuevo».[14]

PRECIPITAR LOS ACONTECIMIENTOS

No extenderé este capítulo intentando catalogar la creciente cantidad de ideas prácticas, efectivas y emocionantes que brotan para ayudar a transformar su iglesia local en una casa de oración. En la sección «Otros recursos» al final del capítulo encontrará herramientas valiosas para ayudarle a precipitar los acontecimientos.

Sin embargo, pienso que debería resaltar un concepto que a mi manera de ver tiene el potencial de ser lo más poderoso que las iglesias locales pueden hacer para multiplicar la eficacia de sus oraciones por sus iglesias, por sus comunidades y por las personas no salvas del mundo en esta década. Me refiero a los «salones de oración en las iglesias locales».

Aunque la coordinación total del movimiento no se establece todavía, algunos calculan que más de dos mil iglesias locales en los Estados Unidos ya instalaron salones de oración, capillas de oración, aposentos altos, centros de oración o como se llamen. Parece que las dos denominaciones que tienen la más grande cantidad de salones de oración son los bautistas del sur y los metodistas unidos.

El líder nacional más prominente que conozco de este movimiento es Terry Teykl, antiguo pastor la Iglesia Metodista Unida Aldersgate, en College Station, Texas, y fundador de Ministerios Renovación. Terry está fomentando muy activamente el movimiento de salones de oración en todo el país y escribió un libro sobre el tema: *Making Room to Pray* [Haga un salón para orar]. En él dice: «Un lugar o centro diseñado con este propósito hace de la oración continua una posibilidad para cualquier congregación. De esta manera la iglesia y la ciudad se pueden «empapar» en oración preponderante».[15]

---

14. Gordon Tan, «La sanidad de Kim Li Tan», *Asian Report*, septiembre-octubre de 1985, pp. 11-12.
15. Terry Teykl, *Making Room to Pray: How to Start and Maintain a Prayer Room in Your Church* [Haga un salón para orar: Cómo iniciar y mantener un salón de oración en su iglesia], Bristol Books, Anderson, IN, 1993, p. 9.

Es probable que en su iglesia se pueda hallar un espacio que se pueda designar como salón de oración. La Iglesia Bautista Kenwwood de Cincinati, Ohio, tiene un salón de oración que funciona las veinticuatro horas del día, siete días a la semana. He aquí su descripción del salón: «Espacio amueblado, cálido y acogedor con una pequeña área de altar, sillas cómodas, cojines en el suelo, una mesa de reuniones y cinco escritorios utilizados como puestos de oración. Estos puestos tienen información actualizada para estimular la oración acerca de necesidades varias, tales como misiones, personal de trabajo, necesidades de la congregación, líderes gubernamentales, etc».[16] El siguiente dibujo es un bosquejo del salón de oración de la iglesia:

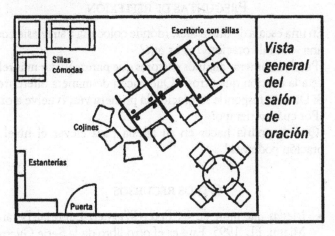

Un salón típico de oración tiene una o dos líneas telefónicas. Algunos podrán contar con línea de fax y a veces con computadoras equipadas con correo electrónico y acceso a la red internacional. Terry Teykl dice: «Este es el lugar (espacio, cuarto o sala), donde se puede hacer oración exactamente como cuando los discípulos se

---

16. Karen Navera, ed., *An Invitation to the Prayer Room at Kenwood Baptist Church* [Una invitación al espacio de oración en la iglesia bautista de Kenwood], panfleto publicado en 1995.

reunieron en el aposento alto. En este cuarto las personas pueden orar, clamar, suplicar, esperar, estar en silencio, interceder y creer para recibir respuesta de Dios».[17]

Un salón de oración en una iglesia local que tiene personal las veinticuatro horas del día es una de las más grandes responsabilidades de oración que una iglesia puede tener. Tiene también un gran potencial de resultados benéficos para el reino de Dios. Constituye un paso importante para transformar una iglesia común en una casa de oración.

¿Podría convertirse su iglesia en una casa de oración?

PREGUNTAS DE REFLEXIÓN

1. En una escala de uno a diez, ¿dónde colocaría a su iglesia como una «casa de oración»? ¿Por qué?
2. ¿Puede enumerar algunos pastores que parezcan dar más relieve a la oración que otros? ¿Qué hacen de manera diferente?
3. Si Dios no responde su oración la primera vez, ¿vuelve a orar? ¿Por cuánto tiempo?
4. ¿Qué se podría hacer en su iglesia para elevar el nivel de oración poderosa?

OTROS RECURSOS

- *Iglesias que oran* de C. Peter Wagner, Editorial Betania, Miami, FL, 1995. Este es el otro libro de la Serie *Guerrero en oración* que provee muchos más principios e ideas acerca de cómo convertir su iglesia en una «casa de oración».

---

17. Teykl, *Making Room to Pray* [Haga un salón para orar], p. 16.

Intercesión personal por los líderes como don de Dios

MI AMIGO JOHN DEVRIES DE MISIÓN VEINTIUNA INDIA SACÓ A colación una historia que no he olvidado. Uno de sus cuatro pastores principales de la inmensa Iglesia Nueva Vida de Bombay es Willie Sloan. Él y su esposa habían trabajado como misioneros fundadores de iglesias en Nagpur, India, durante diez años. Su historia es muy parecida a la de muchos otros misioneros, ya que enfren taron seria oposición de casi toda clase. Intentaron todo método humano que conocían, pero en 1992, después de diez años agotadores, habían fundado solo seis iglesias pequeñas como fruto de su labor. Conozco algunos misioneros que intentarían convencer a quienes los apoyan que tales resultados serían todo lo que se podría esperar considerando las circunstancias, pero Willie no era de ellos. Él estaba sinceramente desilusionado.

INTERCESORES DE TIEMPO COMPLETO

Por lo tanto, en 1992 los Sloan intentaron algo nuevo para ellos. Empezaron a emplear intercesores de tiempo completo que se mantendrían constantemente ante el trono de Dios. Para octubre de 1995, veinte mujeres y dos hombres oraban a tiempo completo cada día. Los intercesores eran quienes entendían los principios de la guerra espiritual de nivel estratégico y cuyas oraciones eran de la clase más poderosa. Durante los tres años que estuvieron recibiendo intercesión personal, los Sloan, usando sus mismos métodos anteriores, ¡lograron fundar no menos de ciento ochenta iglesias en hogares! En vez de fundar seis nuevas iglesias en diez años, ¡estaban ahora fundando seis nuevas iglesias cada mes!

No sé de ningún pastor o líder cristiano que no desee ver tan eficaz incremento en sus ministerios. Aunque con seguridad otras variables son adecuadas para ser incluidas, no conozco ningún otro paso que un pastor, misionero, profesor de seminario u otro líder pueda tomar para elevar el potencial del poder ministerial, que reclutar un equipo de intercesores personales. Por supuesto que no tienen que ser empleados de tiempo completo como aquellos en India, pero los idóneos deben ser muy responsables.

Considero mi libro de texto *Escudo de oración*, que trata este tema, quizás como el más importante que haya escrito para pastores. Cuando se publicó por primera vez, mi amigo Elmer Towns lo leyó y me escribió una carta en la que dice: «Peter, entre las tres o cuatro docenas de libros que hayas escrito, este será por el que más se te recuerde cuando mueras». Estoy de acuerdo con Elmer.

Hablando de profesores de seminario, mencioné en el capítulo anterior la investigación de mi amigo Thom Rainer sobre la oración y el crecimiento de la iglesia. Thom se ha levantado en los últimos años como uno de los mejores bateadores, por decirlo así, del movimiento de crecimiento de la iglesia. Antes de convertirse en decano del Instituto Billy Graham de Evangelización, Crecimiento de la Iglesia y Misiones en el Seminario Teológico Bautista del Sur, él pastoreó una gran iglesia de rápido crecimiento. Este es el testimonio de Thom Rainer:

«Debido principalmente a la influencia de Peter Wagner, en 1992 empecé a orar porque Dios levantara intercesores para mi ministerio y familia. Yo era el pastor de una gran iglesia en Birmingham, Alabama. Cuando medito en esa época, sé que fue la más difícil de mi ministerio pastoral. Sin embargo, Dios llamó a varias personas para interceder diariamente por mí. Comencé a conocer como nunca antes el poder de la oración para mi ministerio. Dios me mostraba de nuevo la prioridad y el poder de la oración».[1]

LA FUENTE DE PODER MENOS UTILIZADA

Recuerdo con claridad la época, en 1987, en que recibí por primera vez de Dios la tarea de investigar, enseñar y escribir acerca de la oración. Este era un tema totalmente desconocido para mí, así que empecé a desarrollar una biblioteca y a leer tantos libros como pude acerca de la oración para compensar el tiempo perdido. Hoy día tengo casi diez estantes de libros sobre la oración. Uno de mis primeros objetivos, entre otras cosas, fue tratar de identificar las áreas dentro del campo de la oración que en ese tiempo no atraían mucho mi atención. Pronto discerní que una de ellas era el asunto de la intercesión por los líderes cristianos.

Hasta donde puedo recordar, la única referencia que encontré para la intercesión por líderes fue un capítulo en un libro de E.M. Bounds, el escritor más prolífico acerca de la oración en la historia de Estados Unidos. En su libro *Power Through Prayer* [Poder mediante la oración], escrito en 1912, incluye un capítulo titulado «Los predicadores necesitan las oraciones de las personas». Quizás pudo haber sido corto (solo dos páginas de un total de quinientas sesenta y ocho en todas sus obras), pero directo en su mensaje, como es característico de Bounds.

Bounds dice: «De algún modo la costumbre de orar por el predicador en particular ha caído en desuso o se ha descontinuado. De vez en cuando hemos oído la práctica de la censura como

---

1. Thom Rainer, *Effective Evangelistic Churches* [Iglesias evangelísticas efectivas], Broadman & Holman Publishers, Nashville, 1996, p. 66.

menosprecio al ministerio, y quienes la hacen declaran públicamente que el ministerio es ineficaz». ¿Qué piensa Bounds de esto? «Ofende tal vez el orgullo por los conocimientos y la autosuficiencia, y estos se deberían ofender y reprender en un ministerio tan marginado como para dejarlos existir».[2] Si no se acostumbraba orar por el pastor en 1912, se podría decir lo mismo en 1987. Muy bien pudiera no haberse vuelto de uso prominente en muchas iglesias durante los setenta y cinco años de intervalo. Sin embargo, estoy por ver evidencias de que se practicó de cualquier modo intencional o manifiesto en el Cuerpo de Cristo durante siglos de historia de la Iglesia. Me volví lo suficientemente valiente para declarar en la primera página de mi libro *Escudo de oración* que *la fuente de poder espiritual menos usada en nuestras iglesias hoy en día es la intercesión por los líderes cristianos.*

SE DESCUBRE LA NECESIDAD DE UN ESCUDO DE ORACIÓN

De no haber sido por una serie de circunstancias en mi vida que Dios utilizó para hacerme comprender del valor de la intercesión personal, quizás nunca hubiera notado la ausencia de escritos sobre el tema. En 1982 fundé una clase de Escuela Dominical para adultos en la Iglesia Congregacional Lake Avenue de Pasadena, California, en la que posteriormente enseñé por trece años. Denominada «La Confraternidad de los ciento veinte», mi esposa Doris y yo pronto comprendimos que este era tal vez el primer grupo cristiano con el que nos habíamos asociado durante tres décadas de ministerio, que parecía ofrecer de manera espontánea una cobertura considerable de oración para nosotros. Esto marcó unos cuantos puntos por encima de las esperadas oraciones del pueblo cristiano por sus líderes.

Un acontecimiento extraordinario ocurrió en 1983 cuando me caí de una escalera en mi garaje. Caí desde cuatro metros hasta el

---

2. E.M. Bounds, *The Complete Works of E.M. Bounds on Prayer* [Obras completas de E.M. Bounds sobre la oración], Baker Book House, Grand Rapids, 1990, p. 486.

cemento del suelo sobre la nuca y la parte posterior de la cabeza. Pude haber perdido la vida a no ser por las oraciones de Cathy Schaller, una joven de la clase de Escuela Dominical. Ella escuchó del Señor, a diez millas de distancia, que alguien importante para ella estaba entre la vida y la muerte y que debía interceder de inmediato. Esto también era nuevo para ella, sin embargo obedeció a Dios y durante veinte minutos oró con fervor porque una legión de ángeles protegiera de la muerte a quien fuera, exactamente en el momento en que yo estaba cayendo al suelo. Eso inició un período de siete años durante los cuales Cathy sirvió como nuestra intercesora principal. La influencia se extendió también a la clase y muchos otros empezaron a orar por nosotros de manera especial.

Para la época en que empecé a investigar sobre la oración, 1987, había desarrollado una íntima amistad con John Maxwell, pastor de la Iglesia Wesleyana Skyline de San Diego, California. Entre otras cosas me dijo que había reclutado en su iglesia no menos de cien hombres comprometidos a orar por él y su ministerio en una base responsable y perseverante. Estudié concienzudamente lo que estaba ocurriendo en Skyline y nadie ha influido más en mí que John Maxwell en el desarrollo de socios de oración personal por mí.

Al momento de escribir esto, Doris y yo tenemos más de doscientos socios activos de oración. A uno de ellos lo llamamos nuestro intercesor «I-1»; veintiuno son intercesores «I-2». Al resto los consideramos intercesores «I-3». Todos son muy importantes para nosotros, pero nos relacionamos más íntimamente con los I-1 y los I-2.

Tengo una foto de cada uno de ellos pegada en la cubierta interior de mi Biblia y los menciono en mis oraciones diarias, agradeciendo a Dios por el poder divino que llega a nuestro favor mediante sus ministerios.

LA VICTORIA A TRAVÉS DEL INTERCESOR

Todos quienes han pasado algún tiempo en la Escuela Dominical han escuchado la historia de Éxodo 17 de cómo Josué venció a Amalec en el valle de Refidim mientras Moisés estaba en la cumbre del collado intercediendo por él. A Josué se recuerda en la historia militar como quien ganó la batalla. Sin embargo, sabemos que la hazaña no se logró por la mayor capacidad militar o valentía, sino por el poder de Dios. El principal instrumento humano para el flujo del poder divino en el valle de Refidim fue Moisés, el intercesor. Cuando sus manos estaban alzadas, Josué estaba ganando; cuando las bajaba, estaba perdiendo. Aarón y Hur estaban a su lado e hicieron lo necesario para apoyar al intercesor y se ganó la batalla.

> **Tienen que ocurrir dos cosas simultáneamente para la victoria en el ministerio: El pastor o líder debe orar más y debe aprender a recibir intercesión.**

La batalla de Refidim se ganó por la oración. ¿Cuánto piensa usted que Josué haya orado ese día? Es obvio que muy poco, o nada, Josué me recuerda a muchos pastores de hoy día. Son quienes están en primera fila. Pelean en primera fila las batallas diarias del reino de Dios. No es fácil. Ninguna otra profesión registra más alto porcentaje de casos de agotamiento. Las investigaciones muestran que el pastor es el factor número uno, entre muchos, para el crecimiento, falta de crecimiento, salud o debilidad de la iglesia local. No asombra que el diablo busque a los pastores.

Terry Teykl dice: «Estamos en guerra con un enemigo espiritual invisible que se opone a los pastores en todo momento».[3] Sus batallas no se ganarán, sin embargo, por su conocimiento de griego ni por su maestría de teología sistemática ni por su habilidad de comunicarse desde el púlpito ni por cualquier buena calidad humana. Necesita la ayuda de Dios de la misma manera que Josué.

E.M. Bounds dice: «El aire no es más necesario para los pulmones que la oración para el predicador. Orar es muy necesario

---

3. Terry Teykl, *Preyed on or Prayed For: Hedging Your Pastor in Prayer* [Oprimido o cubierto por la oración de otros: Cómo proteger a su pastor con oración], Bristol Books, Anderson, IN, 1994, p. 139.

para el predicador. Asimismo es necesario que se ore por el predicador».[4] Observe que deben ocurrir dos cosas simultáneamente para la victoria en el ministerio: El pastor o líder debe orar más y debe aprender a recibir intercesión.

LOS PASTORES DEBEN ORAR MÁS

Hace tiempo yo dirigía un proyecto de investigación acerca de los pastores estadounidenses y averigüé que ellos oran un promedio de veintidós minutos diarios. Esto no me sorprendió mucho, ¡pero quedé más sorprendido al encontrar que uno de cada cuatro pastores ora menos de diez minutos al día! Cuando dicto seminarios o clases para pastores, todos asienten con la cabeza y se identifican con estos cálculos. Además, todos saben que necesitan más oración.

Antes de continuar en mi clase la charla acerca de recibir las oraciones de intercesores, exhorto a los pastores a quienes enseño a que ejerciten más autodisciplina y a que tomen una firme decisión de orar más. En resumen, la decisión es de ellos. Cada uno tiene veinticuatro horas al día y en última instancia depende de nosotros la forma en que manejemos ese tiempo. Al final del día hemos estado haciendo lo que hemos considerado, por cualquier razón, lo primordial. La excusa «hoy estuve demasiado ocupado para orar» es tan débil como su propia condición. Sería más honesto decir: «Hoy tuve en mi agenda asuntos más importantes que orar».

Bill Hybels, de la Iglesia Comunitaria Willow Creek, a quién mencioné en el capítulo anterior, está de acuerdo. Por esto escribió un libro acerca de la oración, que se titula *Too Busy Not to Pray*. Él es un buen ejemplo, porque pocos pastores pudieron haber estado más ocupados que Hybels cuando llevaba su iglesia a ser la más grande de los Estados Unidos. Por mucho tiempo Bill Hybels pensó que podía suponer que la oración sería sencillamente una parte de su estilo de vida al emprender su rutina diaria. Sin embargo, no surtió efecto. Hybels dice: «Yo acostumbraba orar y recibir guía de Dios de manera apresurada. Y como es obvio, mis pasos en la vida

---

4. Bounds, *The Complete Works* [El trabajo completo], p. 486.

avanzaban más que mi capacidad de analizarla ... Al final del día me preguntaba si acaso mi trabajo tendría algún significado».[5] ¿Su solución? «Desarrollé mi propio enfoque de calma disciplinada ante Dios. Es la única disciplina espiritual a la que me entregué, y no me siento tentado a abandonarla porque ha enriquecido mucho mi vida».[6] Cada mañana Bill Hybels pasa de treinta a sesenta minutos en un lugar aislado solo con el Señor. Descubrió que «las personas que están interesadas realmente en oír de Dios deben pagar un precio: se deben disciplinar a estar en calma ante Dios».[7]

SIN EMBARGO, ESO NO ES SUFICIENTE

Los pastores o líderes cristianos no poseen la autosuficiencia espiritual necesaria para resistir en sus ministerios o en sus vidas. Sin mencionar nombres, el pastor que estuvo involucrado en una de las caídas morales más visibles en los últimos años profesó orar por dos horas y media todos los días. Sin embargo, al mirar hacia atrás admitió que una de sus flaquezas fue su renuencia a recibir apoyo espiritual significativo de otros miembros del Cuerpo de Cristo.

E.M. Bounds dice: «El predicador verá más mientras más abiertos estén sus ojos a la naturaleza, responsabilidad y dificultades en su obra; si es un verdadero predicador, lo que más sentirá es la necesidad de oración, no solo la demanda creciente de orar por sí mismo, *sino llamar a otros para que lo ayuden con sus oraciones*» (cursivas mías).[8]

Por muchas razones los pastores han fallado en buscar intercesión personal; sin embargo, creo que la ignorancia es la razón principal. Puedo citar casos repetidos de pastores que oyeron por primera vez en uno de mis seminarios acerca de los intercesores personales. Formaron equipos de oración en una o dos semanas, para escribirme después sobre el tremendo cambio que ocurrió. Dicen: «¿Por qué no lo supe antes?»

---

5. Bill Hybels, *Too Busy Not to Pray*, InterVarsity Press, Downers Grove, IL, 1988, p. 119.
6. *Íbid*.
7. *Íbid*., pp. 117-118.
8. Bounds, *The Complete Works* [El trabajo completo], p. 486.

Cindy Jacobs, de Generales de Intercesión, y quien es para Doris y para mí una de nuestras más íntimas intercesoras, escribe: «Cuando me llaman los que están en el ministerio y sienten una tremenda carga sobre sus hombros, una de las primeras preguntas que les formulo es: "¿Tienes compañeros personales de oración?" Invariablemente ellos me responden así: "Hay personas que me dicen que oran por mí en forma regular". Por lo cual les pregunto: "Pero... ¿conocen ellos tus necesidades a un nivel de intimidad?" Solo un puñado ha considerado siquiera, la posibilidad de poner en marcha la intercesión personal».[9]

Terry Teykl, uno de los más destacados líderes de oración estadounidense, fue uno de esos pastores que sufrió de agotamiento mientras pastoreaba la rápidamente creciente Iglesia Metodista Unida Aldersgate en College Station, Texas. Teykl dice: «En 1987 llegué a la crisis personal y al agotamiento.... No tenía suficientes horas en el día. En ese tiempo yo era un piadoso codependiente que estaba comprometido en un modelo ministerial de inquebrantable individualismo». La situación llegó a ser tan seria que requirió consejo. Después de algún tiempo de descanso Terry comprendió que «debido a que trabajaba bajo una imagen de autosuficiencia total, había sido negligente en pedir a los miembros de mi propia iglesia que oraran por mí».[10]

Todo empezó a cambiar cuando Terry confesó su flaqueza desde el púlpito y pidió a su congregación que oraran por él. Él dice: «Mi vida mejoró dramáticamente. Las personas empezaron a orar y yo entré en una relación completamente nueva con el rebaño. No debí haber permanecido en este ministerio sin las oraciones de estos santos».[11]

¿QUIÉNES SON LOS INTERCESORES?

Quienes están familiarizados con mi libro *Your Spiritual Gifts Can Help Your Church Grow* [Sus dones espirituales pueden ayudar a

---

9. Cindy Jacobs, *Conquistemos las puertas del enemigo*, Editorial Betania, Miami, FL, p. 182.

10. Teykl, *Preyed on or Prayed For* [Oprimido o cubierto por la oración de otros], p. 17.

11. *Ibid.*, p. 18.

crecer su iglesia] sabrán que creo importante distinguir entre los dones espirituales y los papeles que desempeñan los cristianos. Por ejemplo: Todos los cristianos deben llevar una vida caracterizada por la fe, aunque solo unos pocos tienen el *don* de la fe (véase 1 Corintios 12.9). Todo creyente debe diezmar sobre sus ingresos y ofrendar con generosidad, pero algunos tienen el *don* de dar (véase Romanos 12.8) que va más allá de lo que se espera de los demás. Todo el que haya nacido de nuevo debe testificar del poder salvador de Cristo, pero solo unos pocos tienen el *don* de evangelistas (véase Efesios 4.11). De igual modo, todo cristiano tiene un rol para orar e interceder, pero Dios ha dado a algunos el *don* de la intercesión.

Los intercesores oran más que el promedio de cristianos, lo hacen con más intensidad, disfrutan más la oración, ven con más frecuencia respuestas a sus oraciones y tienen oídos espirituales para oír de Dios más fácilmente que la mayoría. Creo que cada iglesia está provista de algunos individuos que poseen el don de la intercesión. Con mis mejores cálculos, tal vez ellos representan el cinco por ciento de la membresía de una iglesia promedio. Sin embargo, en muchas iglesias no se reconocen a los intercesores. Algunos pastores no tienen idea de que exista algo así como intercesores dotados y con llamamiento especial. Otros quizás conocen acerca de los intercesores, pero se sienten amenazados porque saben que los intercesores oyen con regularidad de Dios y que pueden oír asuntos de la iglesia que el pastor aún no ha oído.

Si yo fuera Satanás, sería para mí una tarea primordial mantener alejados a los intecesores de los pastores. Si lo hacen por ignorancia estaría perfecto. Sin embargo, para los que no son ignorantes, yo trataría de producir conflicto y distanciamiento. Es verdad que muchos intercesores, debido a su consciencia perspicaz de detalles en el mundo invisible, desarrollan patrones de conducta y conversación un poco fuera de lo común. Debemos reconocer que algunos tienen una tendencia hacia lo que se podría considerar como excentricidad, aunque todavía no he conocido un intercesor que no esté dispuesto a recibir corrección.

Nuestra intercesora I-1, Alice Smith, dice: «Los intercesores pueden volverse malhumorados con facilidad debido a las cargas espirituales que a veces soportan. La pesadez o la depresión pueden entrar en la vida del intercesor, por lo tanto es necesario preguntar al Espíritu Santo si una carga es genuina o es un ataque del enemigo».[12]

El pastor es la persona que tiene la más elevada autoridad espiritual en la iglesia. Los intercesores son quienes escuchan más de Dios, con frecuencia más que el pastor. Póngalos juntos y tendrá una combinación ganadora.

Algunos intercesores son tímidos; han percibido rechazo; saben que son diferentes, piensan que están solos y por consiguiente se encierran en sus conchas. Oran continuamente, pero sus oraciones tienen solo una fracción de la eficacia que podrían tener si fluyeran de una buena relación con el pastor por quien están orando.

¿CÓMO UNIR PASTORES CON INTERCESORES?

Unir pastores con intercesores es como conectar un mariscal de campo con un receptor abierto en el fútbol americano. Uno y otro son diferentes en habilidades, funciones y características físicas. Por sí solo cada uno podría hacer muy poco por el equipo. Sin embargo, juntos consiguen la victoria. El pastor es la persona que tiene la más elevada autoridad espiritual en la iglesia. Los intercesores son quienes más oyen de Dios, a menudo más que el pastor. Póngalos juntos y tendrá una combinación triunfadora.

Por años he observado la increíble relación entre John Maxwell y su intercesor I-1, Bill Klassen. Cuando John se convirtió en pastor

---

12. Alice Smith, *Beyond the Veil: God's Call to Intimate Intercession* [Más allá del velo: Llamamiento de Dios a la intercesión íntima], SprinTruth Publishing, Houston, 1996, p. 59.

de la Iglesia Wesleyana Skyline en San Diego, este desconocido pidió una cita con él. Le dijo a John que era un intercesor que oraba por pastores y que Dios lo enviaba a orar por él. Como conozco a Maxwell, le puedo decir que esta no es la manera común en que él inicia sus amistades. Sin embargo, este no fue un encuentro común. El Espíritu Santo estuvo allí con poder y los unió de manera sobrenatural.

Maxwell dice: «Ninguna de nuestras vidas ha sido lo mismo desde esa reunión. A partir de entonces Bill se convirtió en mi intercesor personal y socio responsable, y continuó ayudándome a organizar un ministerio de compañeros de oración en Skyline, un grupo de personas que oraron por mí todos los días durante mis catorce años de estadía allí y que se reunían en pequeños grupos en un diminuto salón de la iglesia todos los domingos para cubrir los cultos con oración».[13]

Narro este incidente para ilustrar cómo los intercesores oyen de Dios y llevan bendiciones a las vidas de aquellos por quienes oran. Pasaron catorce años y Dios llevó a John de la iglesia local a un ministerio nacional de capacitación. Nos cuenta cómo tomó esa difícil decisión y cómo Bill Klassen fue uno de los primeros en saberlo.

Cuando John le dijo a Bill que había tomado la decisión de dejar la iglesia, enormes lágrimas aparecieron en los ojos de Bill, que dijo: «John, tienes mucha razón. Es más, tengo un pasaje que quise darte cuando me diste la noticia, porque yo sabía lo que venía». Abrió su Biblia en Isaías 43.18,19, que ya estaba marcado y leyó: «No os acordéis de las cosas pasadas, ni traigáis a memoria las cosas antiguas. He aquí que yo hago cosa nueva; pronto saldrá a luz; ¿no la conoceréis?» Se abrazaron y lloraron juntos, teniendo de Dios la seguridad de que hacían lo correcto.[14]

He resaltado en los últimos párrafos aquellos que tienen el don de la intercesión. Sin embargo, no deberíamos sacar la conclusión

---

13. John Maxwell, *Partners in Prayer* [Socios de oración], Thomas Nelson Publishers, Nashville, 1996, p.3.
14. John Maxwell narra esta historia en un casete del Injoy Life Club, volumen 12, # 2, 1996.

de que las personas que no tienen el don no pueden participar como intercesores de los líderes. Cuando Doris y yo formamos nuestros primeros círculos íntimos de compañeros de oración, los que llamamos I-1 e I-2, no había probablemente más de la mitad de ellos con el don de la intercesión y los otros cumplían tan solo su papel como personas de oración, lo que nos apoyó de gran manera. Muchos en nuestra amplia lista de I-3 no tienen el don de la intercesión. Con el paso de los años resulta que de los veintidós intercesores I-1 e I-2, solo tres no tienen el don. Admito sin embargo que nuestro equipo está muy por encima del promedio y diariamente agradecemos a Dios por ellos.

PEDRO Y PABLO TENÍAN INTERCESORES PERSONALES

Una mañana el rey Herodes despertó y decidió poner a dos líderes cristianos en su lista negra: Jacobo y Pedro. Pudo matar a Jacobo, pero no a Pedro. Lo mantuvo en la cárcel y se preparaba para ejecutarlo cuando un ángel entró a la celda de la cárcel, escoltó a Pedro en medio de los guardias de máxima seguridad y lo puso en libertad sin que nadie supiera lo que estaba sucediendo. ¿Cómo pudo ocurrir esto?

La Biblia dice algo acerca de Pedro que no dice de Jacobo: «La iglesia hacía sin cesar oración a Dios por él [Pedro]» (Hechos 12.5). La reunión de oración se efectuaba en casa de María, la madre de Juan Marcos. Tengo una hipótesis con la cual algunos quizás estén de acuerdo y otros quizás no. María bien pudo haber sido la intercesora personal de Pedro. No podemos saber si Jacobo tuvo un intercesor personal. Lo mismo que le pasó a Pedro cuando estaba en la cárcel me podría suceder hoy día si yo fuera allí también. Los intercesores estarían en situación de extrema emergencia y llamarían a todos los refuerzos disponibles para batallar en mi defensa en el mundo invisible. No tengo dudas de que lo sucedido en casa de María prácticamente salvó la vida de Pedro.

Pablo pide intercesión personal cuando escribe a los creyentes en Roma: «Os ruego, hermanos, por nuestro Señor Jesucristo y por el amor del Espíritu, que me ayudéis orando por mí a Dios» (Romanos 15.30).

Pablo pide a los creyentes en Éfeso estar «orando en todo tiempo con toda oración y súplica en el Espíritu ... y por mí, a fin de que al abrir mi boca me sea dada palabra» (Efesios 6.18,19).

Pablo elogia a los creyentes en Filipos por sus oraciones a su favor ver Filipenses 1.19) y menciona por nombre a Evodia y a Síntique (véase 4.2), quienes creo que eran intercesores personales de Pablo. Esta probable relación ha permanecido escondida para muchos estudiantes bíblicos por dos razones: Primero, parece que en ese momento las dos mujeres estaban en discordia por alguna razón, lo que ha atraído mucho la atención de predicadores y comentaristas. Segundo, en nuestra común traducción española, Pablo describe a estas mujeres como quienes «combatieron juntamente conmigo en el evangelio» (Filipenses 4.3) y esconde el significado literal del griego, que en realidad es «hicieron guerra espiritual en mi defensa».[15] Esto se parece mucho a la descripción corriente del trabajo de los intercesores personales.

CONSEGUIR INTERCESORES

En 1987 no se encontraba casi nada sobre el tema de la intercesión personal por pastores y líderes, pero hoy día tenemos muy buenos recursos. Los enumero en la sección **Otros recursos** al final del capítulo. Varios de estos libros incluyen listas de pasos y afirmo que toda lista es buena. Sin embargo, no estoy seguro de que todas las listas sirvan para toda situación y por eso he vacilado en hacer mi propia lista. Lo que podría resultar para el pastor de una iglesia local

---

Quienes somos líderes debemos (1) *conseguir* intercesores personales, y (2) *mantenerlos*.

---

15. Para más detalles sobre esta exégesis, véase mi comentario de los Hechos, *Blazing the Way* [El brillo del camino], volumen 3, Regal Books, Ventura, CA, 1995, pp. 97-98.

tal vez no sirva para un profesor de seminario como yo, y lo que podría resultar para mí quizás no sirva para el líder de una asociación evangelizadora.

No obstante, estoy seguro de que en general se pueden aplicar dos principios: Quienes somos líderes debemos (1) *conseguir* intercesores personales, y (2) *mantenerlos*. Formulo esto de manera intencional para sugerir que si algo va a ocurrir, será de ordinario por iniciativa del líder. Seguro que hay excepciones a esta regla, como la forma en que Bill Klassen se acercó a John Maxwell. Pero si sucede de esta manera, es absolutamente esencial que el pastor sea receptivo a recibir intercesión antes de que un Bill Klassen se presente a sí mismo. Desafortunadamente no todos los pastores están dispuestos a tener intercesores.

Una razón importante de que algunos pastores rehuyan la intercesión personal es que temen la vulnerabilidad que probablemente ocurre si se abren a la intercesión seria de otra persona. Esta es una preocupación legítima, ya que no solo es probable que ocurra sino que en verdad *debería* ocurrir. De ahí que la elección de intercesores y la cimentación de la relación es un asunto serio. Doris y yo creemos que se requiere la iniciativa divina para seleccionar un intercesor I-1. Dios realiza la acción y nosotros solo reconocemos que su mano se está moviendo. Aceptamos intercesores I-2 solo después de meses de esperar en Dios. El sendero para los intercesores I-3 es más amplio, pero aun así buscamos ciertas indicaciones antes de relacionarnos con los nuevos.

Los obstáculos se vencen con rapidez, y a menudo recibo informes de pastores que se conectan con intercesores. Alice Smith también lo nota. Ella dice: «Los líderes cristianos están aprendiendo acerca de la naturaleza y llamamiento de la intercesión. Es emocionante ver que el liderazgo pastoral se vuelve más consciente del ministerio de la intercesión. Su interés en desarrollar intercesores y en apropiar sus dones en la Iglesia animará al resto del Cuerpo a orar».[16]

---

16. Smith, *Beyond the Veil* [Más allá del velo], pp. 59-60.

MANTENER INTERCESORES

John Maxwell dice: «La transparencia es fundamental si usted va a desarrollar relaciones duraderas con sus compañeros de oración. Cuando usted es transparente, les comunica su confianza y aprecia tanto sus personas como sus oraciones. Al confesar sus pecados, necesidades y debilidades, les muestra cómo pueden orar por usted. Así abre la puerta para que ellos a su vez sean transparentes».[17]

Cuando Doris y yo hacemos un pacto con personas que sirven como intercesores I-1 ó I-2 les comunicamos verbalmente y por escrito que a partir de ese momento le damos permiso a Dios para hablar a los intercesores de cualquier cosa de nuestras vidas personales. Puesto que la mayoría de intercesores son profetas, ¡esto quiere decir que *lo saben!* Sin embargo, confiamos por completo en ellos porque estamos seguros de su madurez espiritual para manejar cualquier cosa que Dios les diga; y puesto que nos aman, utilizan esa información para bendecirnos.

No es raro que un intercesor llame y diga: «Ayer en la tarde oré por ti durante casi tres horas y fue un tiempo de mucho poder. He aquí un par de asuntos que creo que Dios quiere que sepas. Sin embargo, hay algunos otros asuntos que Dios me ordena callar por ahora». Es verdad que algunos de nuestros intercesores saben más acerca de nosotros que nosotros mismos; no podría ser de otra manera.

Es esencial la comunicación con los intercesores. Nuestros intercesores I-1 e I-2 tienen nuestro número telefónico privado y están autorizados a llamar a cualquier hora del día o de la noche. Con la ayuda de Jane Rumph de Pasadena, California, quien sirve como intercesora I-2 y coordinadora de nuestro ministerio de compañeros de oración, escribimos cada cuatro o cinco semanas una carta personal a todos los intercesores. Envío con frecuencia comunicaciones por correo a los intercesores I-1 e I-2 cuando se avecina una crisis o una decisión importante. No vacilo en enviarles

---

17. Maxwell, *Partners in Prayer* [Socios de oración], pp. 135-136.

copias de correspondencia confidencial, ya que por lo general se necesita más oración por esta correspondencia. Aparte de nuestra familia personal, estas son las personas más importantes en nuestras vidas.

Dios nos ha dado a los líderes el precioso regalo de los intercesores personales. Oro porque más y más pastores y otros líderes cristianos en todo el mundo reciban ese regalo con gratitud y que como resultado el reino de Dios avance como nunca antes.

PREGUNTAS DE REFLEXIÓN

1. ¿Se sorprendió al leer el promedio de pastores estadounidenses que oran veintidós minutos al día? ¿Conoce pastores que oran más?
2. ¿Qué personas podría nombrar que parecen tener el don espiritual de la intercesión?
3. Para su conocimiento, ¿tiene su pastor algunas personas especiales relacionadas con él como compañeros personales de oración?
4. Diga con sus propias palabras por qué el diablo quiere separar a los pastores de los intercesores.

OTROS RECURSOS

- *Prayer Shield* [Escudo de oración] de C. Peter Wagner, Regal Books, (Ventura, CA, 1992). Este es mi libro completo sobre la intercesión personal y el don de la intercesión. Si usted aún no es un intercesor relacionado firmemente con su pastor le sugiero que le dé una copia. Si usted es un pastor que está formando un equipo de intercesores, cada uno debe tener este libro.

La oración por nuestras ciudades

REO QUE LAS CIUDADES DEL MUNDO SE HAN CONVERTIDO EN EL blanco principal para la planificación de la estrategia evangelizadora a medida que nos dirigimos al siglo veintiuno. También son legítimos otros blancos. Por ejemplo, los Ministerios Dawn desarrollan estrategias para «Discipular una nación completa». El Proyecto Josué 2000, que nace del Movimiento A.D. 2000, se concentró en mil setecientos treinta y nueve grupos de personas no alcanzadas por el evangelio. Campus Crusade escogió su «Enfoque en áreas de un millón de personas» como blanco primordial. Sin embargo, en cualquier unidad que seleccionemos, casi siempre la mayoría de quienes las preparan se encuentran en ciudades.

DERRIBAR LAS «BARRERAS DEL SONIDO» ESPIRITUALES

¿Cómo podemos asegurar que las ciudades de nuestra nación y del mundo están abiertas para recibir las buenas nuevas de Jesucristo? Me gusta la forma en que lo expresa John DeVries de Misión 21 India: «El diablo ha creado "barreras del sonido" alrededor de cada ciudad y cada grupo de personas; las que solo se pueden derribar mediante la oración. Podemos tener los mejores métodos, fenomenales sumas de dinero y obreros dedicados, pero nada de esto puede derribar los muros espirituales demoníacos que no permiten a las personas oír el evangelio. ¡Lo único eficaz es la oración! Una vez que la oración tiene respuesta y los muros empiezan a temblar, lo que queda es la operación "limpieza", algo así como la toma de Jericó por Israel».[1]

DeVries ilustra su punto al mencionar el estudio de Goa, una ciudad catolicorromana de habla portuguesa en la costa occidental de India. Según S. Joseph, pastor de la Comunidad Nueva Vida de Bombay, Goa tiene la notoria reputación entre los líderes cristianos de toda la región de ser resistente al evangelio. En 1989, el pastor Joseph fue a Goa para ayudar a fundar iglesias, pero al igual que otros antes que él fue apedreado y expulsado de la ciudad. Los equipos de fundadores de iglesias continuaban haciendo lo mejor que podían, pero después de años de agotadora lucha cuesta arriba solo contaban como fruto de su labor con seis iglesias en hogares, diminutas y llenas de dificultades.

No obstante, en 1994 llegó de Brasil un equipo de oración. Se había llamado a estos intercesores a que realizaran una cruzada de oración durante un año en defensa de la ciudad de Goa. Alquilaron una casa y por doce meses no hicieron nada más que orar por la ciudad. Cuando cumplieron su tarea regresaron a Brasil. ¿Dio algún resultado? ¿Fueron poderosas sus oraciones? Sí. El pastor Joseph informó que en los dos meses siguientes a la partida de los intercesores brasileños, ¡su movimiento Nueva Vida fundó dieciocho nuevas iglesias en hogares!

---

1. John DeVries, informe personal del autor, 1995.

Pocas personas esperarían que se les asignara una cruzada de oración de un año en una ciudad situada en el otro extremo del mundo. Sin embargo, una cantidad cada vez más grande de creyentes en todos los continentes, algunos con el don de la intercesión y otros sin él, se movilizan fuera de sus iglesias para orar con vigor y dinamismo en sus comunidades. Ellos comprenden la oración de guerra y saben cómo puede penetrar en las barreras del sonido de la oscuridad para que la luz del evangelio pueda brillar.

¿CÓMO VENDRÁ EL AVIVAMIENTO?

Exactamente cuando empezaba esta extraordinaria década de los noventa escuché un mensaje profético de un pastor bautista del sur, Jack Graham, de la Iglesia Bautista Prestonwood en Dallas, Texas. Hablaba en un salón lleno de jóvenes pastores: «*El avivamiento llegará cuando derribemos los muros que hay entre la iglesia y la comunidad*». Desde que escuché esto por primera vez lo he repetido cientos de veces a millares de líderes.

He sentido también que Dios está revelando una Escritura profética para acompañar esta admonición, concretamente Josué 1.3. El mensaje de Dios para Josué muestra un mandato literal para su tarea de tomar posesión de la tierra prometida: «Yo os he entregado ... todo lugar que pisare la planta de vuestro pie».

El papel de Josué fue sencillamente colocar su cuerpo físico sobre el lugar y luego permitir que Dios haga el resto al utilizar su poder sobrenatural. Poco después vio la demostración de esto cuando cayó Jericó. Por «Escritura profética» quiero decir que de vez en cuando parece que Dios toma una Escritura que tal vez haya tenido un significado particular en su propio contexto hace quizá miles de años y le da nueva vida, como es el caso anterior, dentro de otro contexto más contemporáneo. Así es como veo Josué 1.3 para los noventa y más allá. Dios nos está dando nuevas herramientas para la acción en este momento de ofensiva en el mundo de la evangelización, las que detallo en el capítulo 5. Nuestro deber es escuchar lo que el Espíritu dice a las iglesias para después decidirnos a obedecer.

Por consiguiente, debemos derribar los muros si queremos tener nuestras comunidades transformadas por el poder de Dios.

Debemos poner las plantas de nuestros pies en la comunidad misma, empleando nuestra arma principal de guerra espiritual: la oración. Esto de ninguna manera significa que debemos orar menos en nuestras iglesias. Una revisión al capítulo 6 será un recordatorio muy bueno de que creo firmemente en que las iglesias locales se vuelvan verdaderas casas de oración. Necesitamos orar más dentro de nuestras iglesias. También necesitamos orar más dentro de nuestros hogares. Pero eso no basta. Debemos también salir de nuestras iglesias a suplicar con oraciones poderosas por nuestras comunidades.

El poder de la oración no conoce, en teoría, fronteras o limitaciones geográficas. Esto es verdad, pero hay más. Aunque todas las cosas son iguales, la oración concerniente al lugar donde nos encontramos es casi siempre más efectiva que la que concierne a lugares distantes. Quienes tienen un ministerio de sanidad saben por experiencia que aquí se aplica este mismo principio. Las oraciones por sanidad tienen respuesta en individuos de otras regiones o de otros países, pero la frecuencia de las sanidades reales se incrementa considerablemente por la proximidad física, por la imposición de manos, por la unción con aceite y por el ministerio personal. No es de ninguna manera cierto, por ejemplo, que el dramático cambio en la atmósfera espiritual de la ciudad de Goa haya ocurrido si el equipo de oración brasileño se hubiera quedado en casa y hubiera orado por Goa desde sus hogares o iglesias en Brasil.

EVANGELIZACIÓN DE ORACIÓN

Es bíblico orar por los perdidos. Pablo encarga a Timoteo que se comprometa en la guerra espiritual: «Este mandamiento, hijo Timoteo, te encargo, para que conforme a las profecías que se hicieron antes en cuanto a ti, milites por ellas la buena milicia» (1 Timoteo 1.18). El encargo de Pablo a Timoteo surge de la premisa de que «Cristo Jesús vino al mundo para salvar a los pecadores» (v. 15). Sin embargo, Jesús vino por tantas cosas buenas que a veces olvidamos su propósito *primordial*: salvar las almas perdidas (véase Lucas 19.10).

La división en 1 Timoteo entre los capítulos uno y dos a menudo nos impide ver con exactitud el enfoque de la encomienda de Pablo a Timoteo: la oración. Pablo dice: «Exhorto ante todo, a que se hagan rogativas, oraciones, peticiones y acciones de gracia, por todos los hombres» (2.1). ¿Por qué? Porque Dios «quiere que todos los hombres sean salvos y vengan al conocimiento de la verdad» (v. 4).

«La oración es el rastro de eternidad más tangible en el corazón humano. La oración intercesora a beneficio de las necesidades percibidas de los perdidos es el mejor camino para abrir sus ojos a la luz del evangelio».

Al llevar a los perdidos de la potestad de Satanás a Dios (véase Hechos 26.18) en el proceso de evangelización, Pablo recomienda orar *antes que todo*. Ed Silvoso cree esto con tanta firmeza que introdujo una nueva expresión en el lenguaje: «Evangelización de oración». En su extraordinario libro *That None Should Perish* [Que nadie perezca] empieza cada capítulo con un principio. El principio subyacente de su capítulo «Evangelización de oración» establece: «*La oración es el rastro de eternidad más tangible en el corazón humano. La oración intercesora a beneficio de las necesidades percibidas de los perdidos es el mejor camino para abrir sus ojos a la luz del evangelio*» (cursivas suyas).[2]

Ed Silvoso interpreta literalmente el encargo de Pablo a Timoteo cuando las únicas personas específicas por las que Pablo pide oración después de pedirla por «todos los hombres» es «por los reyes y por todos los que están en eminencia» (1 Timoteo 2.2). Silvoso sugiere que esto implica mucho más que la sola mención de sus nombres en oración.

Silvoso dice: «Para orar eficazmente por ellos es necesario ir más allá de este primer paso. Debemos ir ante quienes están en

---

2. Ed Silvoso, *That None Should Perish* [Que nadie perezca], Regal Books, Ventura, CA, 1994, p. 57.

eminencia y preguntarles cuáles son sus solicitudes de oración ... La receptividad de los perdidos hacia la oración intercesora en su favor ha sido la sorpresa más grande que he encontrado en el ministerio para alcanzar nuestra ciudad. Aún *nadie* que esté en eminencia ha rechazado mi ofrecimiento de oración».[3] ¿Podría influir en nuestra comunidad esa oración personalizada por los oficiales públicos?

Parece que dio resultado en Boulder, Colorado, de acuerdo con un artículo en el *Informe nacional e internacional de religión*. Boulder, un centro de hechicería, adoración satánica, La Nueva Era y con el más grande templo budista de Estados Unidos, está ahora en las primeras etapas de un avivamiento cristiano. Parecía por un tiempo como que las fuerzas de la oscuridad tenían una posición ventajosa. Casi la mitad de las iglesias en el condado experimentaban graves divisiones. Los pastores estaban frustrados, enojados y a punto de abandonar la ciudad. Sin embargo, Dios utilizó un estudiante nigeriano graduado para unir a los pastores en una reunión semanal de oración. La oración empezó a cambiar las cosas en la ciudad.

¿Qué sucedió? Lo primero que hicieron los pastores fue cambiar su actitud hacia la ciudad. Mark Tidd, pastor de la Iglesia Cristiana Reformada Crestview, dice que los pastores que habían estado «orando como si Boulder fuera Sodoma» empezaron a ver la ciudad «como Nínive» con más necesidad de compasión que de condenación». Entonces hicieron lo que recomienda Silvoso: se presentaron en persona ante los líderes de Boulder: alcalde, miembros del concejo, comisionados del condado, jefe de la policía, sheriff del condado, líderes escolares y otros. Cuando las autoridades vieron que los pastores querían sinceramente servirles, los líderes cívicos se conmovieron y se sintieron felices. Se establecieron firmes relaciones y la comunidad cristiana de Boulder comenzó a obtener compensaciones. Las iglesias empezaron a crecer en vez de pelear. La congregación de Tidd, por ejemplo, se duplicó en menos de dos años.[4]

---

3. *Íbid.*, p. 73.
4. *Informe nacional e internacional de religión*, 4 de septiembre de 1995.

PASTORES E INTERCESORES EN ARMONÍA

En *Warfare Prayer*, uno de los libros de la Serie *Guerrero en oración*, incluyo un capítulo sobre las reglas para orar por una ciudad (véanse páginas 161-178). Creo que sería útil reiterar aquí dos de las reglas y mostrar cómo se relacionan entre sí. Un importante punto de partida para estimular los cambios en Boulder fue la disposición de los pastores a reunirse con regularidad para orar.

Esta es mi regla: *Asegure la unidad de los pastores y otros líderes cristianos en el área y comiencen a orar juntos de manera regular.* No estoy aquí recomendando más asociaciones formales o ministeriales de iglesias. Estoy sugiriendo la unidad *espiritual* que puede surgir mediante la oración conjunta. Es importante para los creyentes de una ciudad orar juntos, mas para los pastores es más crucial.

Esto se debe a que los pastores son los porteros espirituales designados por Dios en determinada ciudad. Comprendo que en el pasado no pensamos demasiado en esto y, según mi opinión, esta es la razón principal de que nuestras ciudades hayan sido como Boulder: centros de diversión para el diablo. Cuando utilizo el término «porteros espirituales» me refiero principalmente al concepto de autoridad. En cuanto a ella se refiere, ninguna autoridad espiritual en una ciudad es más elevada que la de los pastores de las iglesias locales. Aun en ciudades donde hay líderes reconocidos que dirigen ministerios eclesiásticos nacionales e internacionales, estos individuos rara vez sienten o ejercitan autoridad espiritual por la ciudad en que viven. No obstante, cuando los porteros se unen en común acuerdo, el reino de las tinieblas se siente gravemente amenazado.

Nadie ha hecho más en los últimos años por la catalización de los pastores de ciudad en ciudad que Francis Frangipane. Su libro *The House of the Lord* [La casa del Señor] es un clásico. En él define la casa del Señor como «la iglesia viva, unida y de oración en la ciudad. La casa del Señor estará constituida por evangélicos y pentecostales; por iglesias tradicionales y carismáticas; será libre de prejuicios raciales y sociales. Serán simplemente cristianos que conocen a Jesús como Señor, creen en la veracidad de las Escrituras y están comprometidos unos con otros como hermanos».[5]

Es provechoso ver a los pastores como las manos y a los intercesores como los ojos. Siempre que la mano se estira para tocar algo o para hacer un trabajo, el ojo la guía al lugar adecuado.

Esta es la manera en como lo ve mi amigo Morris Cerrullo: «La meta número uno de Satanás en la guerra que abarca toda una ciudad es destruir la unidad entre las iglesias en esa ciudad. Él intentará dividir el liderazgo con celos, competencia y chisme. Luego intentará dividir a los miembros de las diferentes iglesias entre sí. Cuando la iglesia está desorganizada a causa de la desunión, Satanás moviliza sus fuerzas dentro de la ciudad promoviendo el pecado, la corrupción y la opresión general sobre ella y sus iglesias para mantenerlas alejadas de un posible contraataque».[6]

EL PAPEL CRUCIAL DE LOS INTERCESORES

Esto me lleva a mi segunda regla pertinente: *Al trabajar con intercesores que tienen dones y llamamientos especiales para la guerra espiritual de nivel estratégico, se busca la revelación divina de: (a) el don o dones redentores de la ciudad; (b) las fortalezas satánicas en la ciudad; (c) los espíritus territoriales asignados a la ciudad; (d) el pecado colectivo del presente y del pasado que se debe tratar; y (e) el plan y tiempo de Dios para atacar.*

Un comienzo esencial es que los pastores oren juntos por su ciudad. No obstante, si no se relacionan con los intercesores de

---

5. Francis Frangipane, *The House of the Lord* [La casa del Señor], Creation House, Lake Mary, FL, 1991, pp. 11-12.
6. Morris Cerrullo, «Oración de guerra espiritual», *Victory Miracle Living* [Victoria del milagro viviente], agosto de 1996, p. 32.

manera significativa, están yendo a la batalla con una mano atada a la espalda. Aunque hay excepciones aquí y allá, son pocos los pastores que tienen el don de la intercesión. En el Cuerpo de Cristo, la mano no puede decirle al ojo: «No te necesito» (véase 1 Corintios 12.21).

En esta analogía es provechoso ver a los pastores como las manos y a los intercesores como los ojos. Siempre que la mano se estira para tocar o agarrar algo con el fin de hacer una labor, el ojo la guía al lugar adecuado. Se recomiendan intercesores «con dones y llamamientos especiales» en las etapas más avanzadas de oración por una ciudad. En el capítulo anterior resalté la importancia de que los pastores de las iglesias locales se conecten con intercesores personales.

Como lo saben los lectores de *Escudo de oración*, me pareció útil distinguir entre los que realizan la intercesión general, en la crisi, personal y de batalla. Aunque muchos intercesores ministran en general o en más de una esfera, algunos sienten el llamado específico a una de ellas. En esta situación, los intercesores experimentados en guerra espiritual son los más eficaces.

¿Qué hacen los intercesores en equipo con los pastores? Aquí es donde se une mucho de lo que contiene este libro. Los intercesores tienen conocimientos de intercesión de nivel estratégico (capítulo 3), por lo tanto ven la perspectiva total del mundo invisible. Disciernen mediante la cartografía espiritual (capítulo 4) los principales blancos, tanto positivos como negativos, hacia donde se deben enfocar las oraciones. Entienden el arrepentimiento identificatorio (capítulo 5) y saben dónde buscar el pecado colectivo que necesita remisión. Tienen el don especial de oír de Dios (capítulo 2) y conocen la dirección divina en tiempo y procedimiento.

Sin embargo, los intercesores no toman las decisiones finales en cuanto a qué hacer ni dónde hacerlo. Están bajo la autoridad de los pastores que disciernen la aplicación adecuada de lo que oyen a través de los intercesores. Los intercesores sensibles nunca cederán a la tentación de intentar dominar al pastor, ya sea mediante la persuasión personal o a través de medios espirituales. Cuando parece que se apropian de la autoridad, la relación con los pastores se rompe frecuentemente.

El trabajo unido en armonía de pastores e intercesores de la ciudad hace una combinación invencible. Satanás sabe esto muy bien, aun mejor que muchos líderes cristianos. La Biblia nos dice que no seamos ignorantes de las maquinaciones de Satanás (véase 2 Corintios 2.11). Dos de sus más eficaces maquinaciones usadas para cegar el entendimiento de los perdidos en una ciudad o nación a las glorias del evangelio son: (1) mantener alejados a los pastores entre sí, y (2) evitar que los pastores y los intercesores levanten firmes relaciones. Si Satanás o los principados de la oscuridad asignados a una ciudad específica logran hacer esto, están andando a sus anchas. Pueden utilizar la ciudad para divertirse robando, matando y destruyendo casi a voluntad.

¿DA RESULTADOS? VAYA A GOAINÍA, BRASIL

Ed Silvoso no solo escribe libros sobre el evangelización de oración en ciudades, sino también la practica. Sucedió que hace poco él y yo participábamos en un congreso en Los Ángeles, en el que cinco mujeres que habían volado desde Goainía, Brasil, se presentaron como intercesoras. Invitaron a Ed a ministrar en su ciudad, a lo que accedió después de que ellas hablaran primero con los pastores de la ciudad cuando regresaran a casa.

En la cultura *macho* de América Latina las mujeres por lo general no toman la iniciativa en proyectos de importancia, y cuando lo intentan, es probable que los hombres tomen la dirección opuesta. Sin embargo, las intercesoras convocaron a los pastores a una reunión. Silvoso narra lo sucedido: «Comúnmente los pastores no responden a invitaciones improvisadas aunque las envíen pastores de importancia, *mucho menos si vienen de tres desconocidas amas de casa.* Las probabilidades en contra de que estas mujeres tuvieran éxito eran enormes. ¿Cuántos pastores aparecieron? Más de ciento veinte. ¡Increíble! ¡Un verdadero milagro!»[7]

Las intercesoras fueron muy valientes al insinuar a los pastores que podría ser el tiempo de Dios para un avivamiento en su ciudad

---

7. Ed Silvoso, Circular con fecha 17 de junio de 1996.

y admitieron que habían invitado tentativamente a Ed Silvoso a dictar un seminario de capacitación sobre la oración evangelizadora. La unción de Dios debe haber sido poderosa porque a los pastores les pareció una buena idea y se entusiasmaron con ella. Además, en vez de tomar, como se esperaba, el control del que se perfilaba como un acontecimiento importante, comisionaron a las intercesoras a continuar adelante, prometiéndoles apoyo absoluto e imponiendo las manos sobre ellas para que recibieran el poder del Espíritu Santo en su labor.

A la semana siguiente las mujeres lanzaron un programa radial y pronto tuvieron más de cien mil personas en el área orando junto a ellas durante hora y media todos los días. En poco tiempo casi todos en esa gran ciudad de más de un millón de habitantes, incluyendo los oficiales de gobierno, sabían de las intercesoras y de su enorme equipo de oración.

MOTÍN EN LA CÁRCEL: ¡LLAMEN A LAS INTERCESORAS!

Exactamente tres semanas antes de que Ed Silvoso llegara a dictar su seminario de evangelización de oración se levantó un motín en la prisión de Goainía. Los presos rebeldes tomaron como rehenes a dos jueces, un capellán y muchos guardianes entre otros. Bloquearon con fuego celdas enteras. Después de varios días de violentos enfrentamientos, amenazaron con matar a los rehenes. La situación se había vuelto crítica. El gobernador del estado envió lo mejor de sus tropas, pero no pudieron entrar en la prisión.

Así lo narra Ed Silvoso: «[El gobernador] escogió mejores y más poderosas armas. Como había oído de las damas de oración, envió por ellas. Cuando junto a varios pastores se presentaron en el palacio del gobernador, este les dijo con lágrimas en los ojos: "Mis armas son inútiles para la emergencia que enfrento. Necesito un arma mejor que ustedes tienen: la oración. ¿Se podrían encargar de solucionar esta gran crisis?"»[8]

---

8. *Íbid.*

Las intercesoras no se sorprendieron. Habían estado orando por la ciudad en crisis con los otros cien mil. Practicaron la oración de doble vía y recibieron un mensaje claro del Señor para el gobernador: «No se preocupe. ¡Dentro de veinticuatro horas todo estará resuelto sin derramamiento de sangre!» El gobernador agarró el teléfono celular, que tenía una línea directa con el coronel del ejército encargado de las tropas, le dio instrucciones de seguir cualquier acción que le indicaran las damas porque ellas oían lo que el Espíritu Santo tenía qué decir.

¿El resultado? Ed Silvoso informa: «Antes de las veinticuatro horas los presos se habían rendido, todos los rehenes estaban libres, tanto los dos jueces como muchos de los guardias recibieron al Señor y las damas recibieron del gobernador honra en público por haber resuelto esa difícil situación. ¡Ahora el palacio de gobierno está ampliamente abierto a las reuniones de oración y una ciudad de más de un millón de habitantes sabe que Dios cuida!»[9]

Visité Goainía unos meses después y fui testigo de cómo la armonía entre pastores e intercesores abrió la puerta de la atmósfera espiritual sobre la ciudad para el rápido avance del reino de Dios.

¿CÓMO EMPEZAR?

Es difícil leer acerca de estos ejemplos de oración en la comunidad sin decir: «¡Me gustaría que esto también sucediera en mi ciudad!» Es probable que ocurra. El hecho es que la gran mayoría de las grandes ciudades en los Estados Unidos tienen ahora movimientos de oración en alguna etapa de desarrollo.

Por años unos pocos individuos levantaban las manos en mis seminarios de oración cuando preguntaba si los pastores de sus ciudades se reunían regularmente a orar de alguna manera. Me asombra cuán rápido creció la proporción de manos levantadas en solo dos años. Comprendo que este no es un asunto científico, pero me ha llevado a creer que al momento en que se escribe esto casi la mitad de las ciudades estadounidenses han empezado alguna clase

---

9. *Íbid.*

de movimiento de oración. Con este crecimiento no está lejos el día en que la ciudad donde no haya un movimiento de oración será la excepción a la regla.

Varios años de experiencia acumulada han sacado a la superficie una cantidad de medios atractivos de orar por una comunidad, la mayoría de ellos al alcance de las iglesias existentes, pastores, intercesores y ministerios de oración. Aunque no es posible incluirlos todos en este capítulo, haré un breve resumen de los que considero que han mostrado mayor potencial para la aplicación general.

Empiece de corazón y con la actitud correcta

Es necesario reconocer desde el principio, y no olvidarlo, que Dios es la fuente de poder para alcanzar una ciudad y que es crucial conocer su dirección y tiempo. La intimidad con Dios no se negocia. Ya sea usted un intercesor o no, y quiere comenzar a orar por su ciudad, le recomiendo que lea el libro de Alice Smith *Beyond the Veil* [Más allá del velo], que muchos opinan que es el mejor acerca de intimidad con Dios.

Por ejemplo, Bobbye Byerly, una de nuestras más íntimas intercesoras por Doris y por mí y presidenta de la junta nacional de la Hermandad Internacional de Mujeres Aglow, dice: «Alice sondea con habilidad las profundidades del llamado de Dios, además del anhelo profundo que hay en los intercesores para responder y buscar el rostro del Señor. Creo que el santo llamamiento que llega por la intimidad se alcanza aquí con más claridad que en ninguna otra parte que haya leído».[10]

Esta es la clase de declaraciones que encontrará en el libro: «La puerta de la intimidad se abre para quienes deseen entrar. El Señor se deleita con el creyente que entra con sencillez y humildad al salón del trono mediante la oración, anhelando saber lo que no puede conocer de manera natural. Más allá de este velo, el hijo de Dios palpará el corazón de Dios, disfrutará sus amorosas palabras de

---

10. Recomendación de Bobbye Byerly en la cubierta frontal de *Beyond the Veil* [Más allá del velo], de Alice Smith, SpiritTruth Publishing, Houston, 1996.

afirmación, temblará ante su ilimitado poder y autoridad y saldrá cambiado para siempre».[11] Recomiendo mucho este libro a todos los que quieren alcanzar sus ciudades para Dios.

Asegúrese de permitir a Dios el acceso a su propio corazón. Limpie cualquier fortaleza que pudiera invitar a entrar a las fuerzas espirituales. Esté seguro de no tener pecados inconfesos. Si parece que es susceptible a tentaciones irresistibles, encuentre a alguien que ore por usted o que lo libere. Si no hace esto, usted se convertirá a sí mismo en un blanco vulnerable para un posible contraataque de las fuerzas malignas.

Revise otra vez el asunto de la autoridad. ¿Tiene o está obrando bajo la cobertura de suficiente autoridad espiritual para movilizarse en su ciudad o área? ¿Están de acuerdo los porteros espirituales? En la mayoría de los casos no es realista esperar cien por ciento de acuerdo, así que es mejor discernir si se han involucrado en este esfuerzo una cantidad suficiente de pastores de iglesias vivificantes. Si los líderes no están de acuerdo, puede que no sea el momento adecuado.

Francis Frangipane dice: «Queremos también remover cualquier sensación de presión humana respecto a la oración por toda la ciudad ... Motivar a los pastores por medio de la presión o manipulación solo engendrará resentimientos entre ellos; fracasarán en encontrar el dulce placer que llega cuando los líderes buscan juntos y de buena voluntad a Dios».[12]

Por último reexamine sus motivos. Asegúrese de que sus actitudes acerca de la oración por su ciudad estén totalmente alineadas con el fruto del Espíritu (véase Gálatas 5.22,23). Si tiene hacia alguien algún sentimiento de desquite, señalamiento, resentimiento, autojustificación o de placer carnal en lanzar el juicio de Dios sobre supuestos «tipos malos», trabaje en eso cubriendo la multitud de pecados con amor. Si puede hacerlo, ya está listo para la guerra.

---

11. *Íbid.*, p. 13.
12. Frangipane, *The House of the Lord* [La casa del Señor], p. 94.

Una vigilia de oración de veinticuatro horas

Conciertos Internacionales de Oración, dirigidos por David Bryant, ayudaron a catalizar un esfuerzo masivo de oración en la ciudad de Nueva York, que está produciendo resultados tangibles. Antes que nada, varios pastores de la ciudad se reunieron para orar y emitir el Pacto de Oración en la Ciudad Metropolitana de Nueva York, decidiendo mantener su ciudad en oración. Representantes de Conciertos de Oración provenientes de su División de Estrategias Urbanas se unieron a los pastores y estuvieron de acuerdo en movilizar tantas iglesias como fuera posible para participar en la que se llamó «La Vigilancia del Señor». Esta es una vigilia de oración multiétnica, continua y de veinticuatro horas diarias por avivamiento, reconciliación, reforma y por llegar a los perdidos. Mantienen una cadena de intercesores al distribuir un boletín publicado en inglés, español y coreano.

Cada iglesia participante escoge un día en el mes y en ese día específico cada mes acuerdan cubrir la ciudad durante veinticuatro horas. Al utilizar este plan, al menos treinta y una iglesias pueden asegurar que su ciudad es blanco de oración todas las horas del día. Sin embargo, Nueva York tiene más de treinta y una iglesias participantes; son no menos de ciento treinta. Se está orando por la ciudad en todo momento, no solo en una iglesia sino en cuatro o cinco. Muchas de ellas tienen más de cien de sus miembros en oración. La meta de La Vigilancia del Señor es tener en cartelera mil iglesias activas.

Usted podría pensar que esta cantidad de oración influirá en la ciudad. Aún no se conocen todos los resultados, sin embargo, una de las señales más alentadoras ha sido un marcado descenso año tras año de la tasa de criminalidad en la ciudad de Nueva York en los últimos tres años. El eufórico departamento de policía predice que si tal tendencia continúa, la tasa de criminalidad caerá a niveles tan bajos como los que no se experimentan desde 1968, ¡cuando era alcalde de la ciudad John V. Lindsay y el pasaje en el tren subterráneo costaba veinte centavos! Los sociólogos podrían especular en otras explicaciones, pero los pastores de la ciudad están absolutamente convencidos de que este es el resultado directo de la oración masiva en toda la ciudad durante los últimos años. Se ha conseguido también en la ciudad una mayor unidad cristiana y reconciliación racial.

Larry Thompson, un pastor bautista del sur concibió una variación llamada La Atenta Oración Vigilante. Desarrolló primero cubrir una iglesia local con oración, que se extiende a las ciudades. La semana se divide en períodos de ciento sesenta y ocho horas de duración. Grupos de oración de las iglesias participantes escogen una o más horas de la semana y acuerdan orar juntos por la ciudad durante esa hora. Cuando un grupo termina su hora llama a un representante del grupo comprometido para la hora siguiente y así sucesivamente hasta levantar un nivel de responsabilidad. Si un grupo no responde durante dos semanas consecutivas se discute con el coordinador de oración, y si ocurre de nuevo, se excluye el grupo. Este último programa demanda obviamente un mayor compromiso que La Vigilancia del Señor, pero uno y otro proveen cobertura sustancial de oración por la ciudad.

Marchas para Jesús

En 1996 más de ciento setenta naciones del mundo, incluyendo seiscientas veinte y cinco ciudades de los Estados Unidos, participaron en las Marchas por Jesús. Se calcula que diez millones de creyentes, abarcando todas las zonas del meridiano, marcharon por las calles de más de dos mil ciudades el 25 de mayo de 1996.

Ni en sus sueños más descabellados se les ocurrió a los cuatro líderes creadores, Graham Kendrick, Roger Forster, Gerald Coates y Lynn Green, pensar que tendrían tanto éxito. En 1985 decidieron en Londres derribar los muros entre las iglesias y la comunidad y pusieron las plantas de los pies sobre las calles del importante distrito Soho de Londres. Usaron por primera vez el nombre «Marcha para Jesús» en 1987, cuando quince mil cristianos salieron a las calles de Londres cantando alabanzas al Rey de reyes. Graham Kendrick dice que la idea surgió cuando «se interesó en las dinámicas de alabanza y en su relación con la oración y la guerra espiritual».[13]

---

13. Graham Kendrick, Gerald Coates, Roger Forster y Lynn Green, *Marcha para Jesús*, Kingsway Publications Ltd., Eastbourne, Inglaterra, 1992, p. 24.

La Marcha para Jesús se ha convertido para las iglesias de muchas ciudades en una fecha importante de sus actividades como la Navidad y la Semana Santa. En San Pablo, Brasil, este año marcharon cerca de más de un millón de personas y tuvieron cobertura de todas las cadenas nacionales de televisión brasileñas. El gobernador Pataki de Nueva York y el gobernador Wilson de California emitieron proclamas oficiales de la «Marcha para Jesús». En Ciudad de Guatemala marcharon cien mil, rompiendo la marca de cualquier marcha pública en la historia. Tonga, exactamente al occidente de la línea internacional de cambio de fecha, tuvo su primera marcha del día dirigida nada menos que por el rey y la reina, quienes después auspiciaron un banquete para los participantes. En Pittsburg, Pennsylvania, uno de los oficiales de policía asignados a la marcha donó su día de pago para ayudar a sufragar los gastos.

La «caminata en oración consiste en orar con visión sobre el lugar. Es sencillamente la oración que se hace en los mismísimos lugares en que esperamos que Dios nos dé sus respuestas».

Si su ciudad no tuvo este año una Marcha para Jesús, planifique una para el año entrante. Obtendrá ayuda si se inscribe en una de las oficinas enumeradas en la sección de fuentes al final de este capítulo. La Marcha para Jesús influirá en su ciudad.

Las caminatas en oración

Una vigilia de veinticuatro horas o una Marcha para Jesús exigen algún grado de organización en la ciudad. Sin embargo, la caminata de oración puede ser sencilla y es la manera más factible de principiar para muchos que dicen: «Sí, quiero derribar los muros y colocar con oración la planta de mi pie en la comunidad». Si desea, la semana siguiente puede unirse con uno o dos amigos cristianos en su vecindario y caminar orando por las calles durante treinta o cuarenta y cinco minutos. Ore por las familias de los hogares por donde pasa; ore por las escuelas; ore por los conductores de vehículos; ore por los negocios; ore por los oficiales de policía. Sea receptivo a Dios, de tal manera que Él le pueda indicar por qué orar directamente.

Steve Hawthorne, el apóstol de las caminatas de oración, dice: «Dios está motivando a los cristianos a orar por sus ciudades de manera "íntima y personal". Los cristianos presionan con sus oraciones más allá de los muros de los edificios de la iglesia para llevar bendición clara y apacible a sus vecinos en nombre de Jesús ... A esta clase de intercesión en el sitio se le llama "caminata en oración". Esta caminata en oración consiste en orar con visión sobre el lugar. Es sencillamente la oración que se hace en los mismísimos lugares en que esperamos que Dios nos dé sus respuestas».[14]

Según Hawthorne han surgido tres modelos clásicos de caminata en oración:

1. Caminata en oración **de zona**, en la que los cristianos caminan y oran donde viven, trabajan, estudian, adoran o juegan. Es el modelo que menciono en el segundo párrafo anterior.

2. Caminata en oración **en lugar clave**, que involucra la selección de cierto lugar o de varios lugares y centrarse en ellos para hacer oración especial y continua. La identificación de tales lugares es una función de la cartografía espiritual.

3. Caminata en oración de **cobertura total**, que aspira a cubrir toda la ciudad de manera sistemática y continua. Hawthorne tiene la notable visión de lo que denomina «PrayerWalk USA» [Caminata EUA] en la que se orará regularmente en todo hogar de toda calle del país para el año 2000. Él controla el progreso por áreas postales.[15]

---

14. Steve Hawthorne, *Prayer Walk Organizer Guide* [Guía para organizar caminatas de oración], PrayerWalk, Austin, TX, USA, 1996.
15. Estos modelos y conceptos se tomaron de *Prayer Walk Organizer Guide*.

Casas de Oración en el vecindario

Las Casas de Oración en el vecindario, desarrolladas por mis amigos John DeVries y Alvin Vander Griend, aspiran también a cubrir con oración cada vecindario, pero el diseño es un poco más formal y organizado que la caminata general de oración. A los líderes de la iglesia que les guste más la organización acogerán con agrado las llamadas Casas de Oración.

Existe una premisa subyacente en las Casas de Oración, según John DeVries: «Hay un aspecto territorial en la oración. No oramos solo por individuos, sino por hogares, vecindarios, negocios y comunidades».[16] En este plan, respaldado por excelentes recursos iniciales, un grupo de creyentes decide reunirse para orar una vez a la semana en cierto lugar como un hogar, dormitorio o negocio. A esta reunión se le llama Casa de Oración, y el grupo puede pedir una bandera «oficial» para colgar en el pórtico u otro lugar conveniente.

La reunión semanal se realiza en el interior, pero durante la semana siguiente a los miembros se les asigna orar en ciertos grupos de casas u otros blancos asignados. Mientras los miembros hacen esto intentan hacer contacto o relacionarse con los individuos por quienes están orando.

Ofrecen orar por las necesidades específicas de las personas en la reunión semanal de la Casa de Oración. Si no encuentran a nadie en casa les dejan un número telefónico y los invitan a llamar y hablar de sus peticiones de oración. Han establecido un canal abierto para recibir y archivar detalles específicos de oraciones contestadas en el vecindario.

Si de veras va a llegar un avivamiento cuando derribemos los muros entre la iglesia y la comunidad, entonces la maravillosa variedad de caminos y medios que Dios nos está dando para orar en nuestra comunidad nos debe conducir a creer que tal avivamiento está muy cerca.

---

16. John DeVries, *What Is a Neighborhood House of Prayer?* [¿Qué es una Casa de Oración en el vecindario?], Neighborhood Houses of Prayer, n.d., Grand Rapids, p. 3.

Preguntas de reflexión

1. Solo como un cálculo aproximado, ¿qué porcentaje de oración cristiana por su ciudad cree que se hace en la comunidad, a diferencia de la que se hace en la iglesia o en los hogares? ¿Qué porcentaje debería ser?

2. Tal vez usted no haya oído la expresión «evangelización de oración» antes de leer este capítulo. Descríbala con sus propias palabras.

3. Para su conocimiento, ¿qué están haciendo los pastores de su ciudad como medio para estimular un movimiento de oración en toda la ciudad?

4. ¿Ha sido usted un caminante de oración? Si no, ¿se siente inclinado a empezar? ¿Cómo se pueden lograr caminatas de oración por toda su ciudad?

Otros recursos

- *Oración de guerra* de C. Peter Wagner, Editorial Betania, Miami, FL, 1993. Revise el capítulo «Las reglas para conquistar ciudades».
- *La reconquista de tu ciudad* de John Dawson, Editorial Betania, Miami, FL, 1991. Este libro se considera ahora un clásico en la oración por las ciudades.
- *Caminata en oración* de Steve Hawthorne y Graham Kendrick, Editorial Betania, Miami, FL, 1995. Esta es una guía práctica sobre cómo movilizarse en oración y con visión «sobre el lugar».
- Las dos oficinas de la Marcha para Jesús están situadas en las siguientes áreas: En los Estados Unidos y las Américas, escribir a March for Jesus, USA, P.O. Box 3216, Austin, TX 78764. Para el resto del mundo, escribir a Global March for Jesus, P.O. Box 39, Sunbury-on-Thames, Middlesex TW 16PP, England, U.K.

Oración con poder por las naciones

LOS WA SON UN PUEBLO BELICOSO DE TRES MILLONES DE HABITANTES situado en la parte nordeste de Myanmar (Burma), en la frontera china. Son muy independientes y se niegan a someterse al gobierno de Myanmar, que a su vez es en el presente uno de los más represivos del planeta. Myanmar ha enviado algunas de sus tropas para someter a los wa, pero estos los han obligado a retroceder una y otra vez.

CIEN BAUTISMOS PARA CIEN CABEZAS

No hace mucho tiempo el gobierno intentó tranquilizar los wa enviándoles como regalo algunas estatuas de Buda. Para sorpresa y consternación de las autoridades, ¡los wa devolvieron de inmediato los regalos y pidieron que reemplazaran las estatuas por cien Biblias y algunos misioneros cristianos! Dijeron que querían saber más de Dios.

Algunos misioneros burmeses pudieron ir y ministrar a los wa y pronto se convirtió el jefe, que era cazador de cabezas. Su bautismo probó ser único en su clase. Después de sumergirse en el agua en el nombre del Padre, del Hijo y del Espíritu Santo, continuó haciéndolo por su cuenta cien veces más, ¡una por cada cabeza humana que había cortado durante su infame carrera! ¡Luego se ofreció voluntariamente como vocero del equipo de la película *Jesús* que estaba evangelizando la región![1]

¿Cómo pudo ocurrir algo tan asombroso? No cabrían las explicaciones humanas. Solamente la mano de Dios pudo haber provocado tal cambio. Basado en lo que se ha dicho en casi todos los capítulos de este libro, la oración es por sobre todo la fuerza espiritual que libera la mano de Dios. Nunca antes se había orado tanto por Myanmar, por sus ciudades y sus grupos de personas como se hace ahora, y tanto la calidad como la cantidad de oración que se hace en beneficio de Myanmar y su gente crece de manera incontenible.

Ese maravilloso incidente añade a los wa como otra estrofa del «nuevo cántico» que los veinticuatro ancianos y los cuatro seres vivientes entonarán al Cordero en el trono: «Con tu sangre nos has redimido para Dios, de todo linaje y lengua y pueblo y nación» (Apocalipsis 5.9). Este cántico no puede entonarse todavía porque muchas más lenguas, pueblos y naciones aún necesitan la salvación. Sin embargo, creo en el lema del movimiento A.D. 2000 que declara: «Una iglesia para cada pueblo y el evangelio para toda persona en el año 2000». El número considerablemente grande (más de diez mil) y menos alcanzado de grupos étnicos al momento de este escrito es mil setecientos treinta y nueve, la mayoría situados en la ventana 10/40, el área geográfica comprendida entre los diez y los cuarenta grados al norte del ecuador, como lo muestra la figura:

---

1. Se informó sobre esta historia de los wa en el *Proyecto de la Película Jesús*, folleto 12, # 3, marzo de 1996, distribuida en Internet por Steve Bufton, Friday Fax 34, 19 de septiembre de 1996.

«Ventana 10/40»

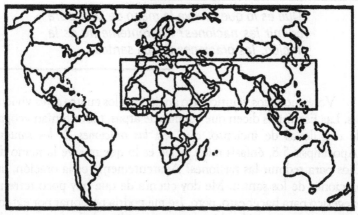

¿Puede nuestra generación completar la Gran Comisión?

Un bebé que nazca en este momento en la mayoría de lugares de la ventana 10/40 no tendrá en su vida una oportunidad razonable de oír el evangelio de Jesucristo. Creo sin embargo que para fines del año dos mil, todo bebé nacido en cualquier parte del mundo sí tendrá esta oportunidad. Como lo mencioné en el capítulo 5, esta es la primera vez en la historia humana que tenemos una oportunidad viable de completar la Gran Comisión de Jesús en nuestra generación. Con esto no quiero decir que todos en el mundo serán salvos. Lo que quiero decir, citando las palabras de Jesús, es: «Será predicado este evangelio del reino en todo el mundo, para testimonio a todas las naciones» (Mateo 24.14).

Aunque reclamo con modestia algunas credenciales de misiólogo profesional, entre las que se incluyen especialización en estrategias de misiones y evangelización, me apresuro en decir que ninguna estrategia humana conocida de misiones y evangelización se puede diseñar para el logro de esa tarea. Solamente la soberanía de Dios, a través del más asombroso derramamiento de poder sobrenatural jamás imaginado, podría hacer que esto suceda. Exactamente como en el caso de los wa de Myanmar, la mano todopoderosa de Dios se debe liberar si queremos ver materializada la visión de A.D. 2000. ¡No existe otra manera!

> *¿Qué es lo que mueve la mano de Dios para redimir las naciones? Aparentemente es la oración, las oraciones de los santos.*

Volvamos a los veinticuatro ancianos y los cuatro seres vivientes. Las Escrituras dicen que además de arpas, todos tenían «copas de oro llenas de incienso, que son *las oraciones de los santos*» (Apocalipsis 5.8, énfasis mío). ¿Qué es lo que mueve la mano de Dios para redimir las naciones? Aparentemente es la oración, las oraciones de los santos. Me doy cuenta de que hay poco terreno exegético para hacer esto, pero, ¿se me podría perdonar por extender un poco esta visión al imaginar que pudiera haber una copa de oro por cada uno de los pueblos del mundo? Si es así, podríamos suponer que las copas de los grupos de pueblos no alcanzados aún por alcanzar no están llenas.

La metáfora del incienso como oraciones de los santos se menciona otra vez en Apocalipsis 8.3,4, donde se les añade fuego del altar de Dios y suceden en la tierra cosas asombrosas (v. 5). Dutch Sheets dice: «De acuerdo con estos versículos, Dios libera su poder cuando conoce el momento exacto de hacer algo o cuando se han acumulado oraciones suficientes para lograr que se haga el trabajo. Él toma la copa y la mezcla con fuego del altar».[2]

¿Cómo llenar las copas de oro?

Si este es el caso y si la situación real es *algo* parecida, se deduce que la más crucial actividad misiológica del momento es llenar esas copas tan rápido como sea posible. Es esencial que las oraciones de los santos se movilicen como nunca antes para completar la Gran Comisión durante nuestra vida. Por varios años mi esposa Doris y yo nos hemos comprometido profundamente en ese esfuerzo. Nos sentimos privilegiados de haber recibido la confianza para coordinar

---

2. Dutch Sheets, *Intercessory Prayer* [La oración intercesora], Regal Books, Ventura, CA, 1996, p. 209.

la Cadena de Oración Unida del Movimiento A.D. 2000 y nos asombra ver cómo se moviliza la oración en todos los continentes. No me sorprendería si el año 1990 eventualmente aparezca como un año clave en la historia del movimiento cristiano. Como ya lo indiqué, en esta década estamos viendo la más grande cosecha de almas nunca antes vista, la más grande manifestación exterior del poder espiritual, la más grande unidad cristiana en mil seiscientos años, la más grande influencia del Tercer Mundo en los asuntos cristianos y el más grande movimiento de oración global. Poco de lo que vemos ahora se había anticipado con algún grado de exactitud o reconocimiento antes de la década de los ochenta.

Nuestra tarea de movilizar la oración para la evangelización del mundo es ahora más fácil de lo que pudo haber sido en el pasado.

No consideramos nuestra labor el hacer que las personas oren (eso lo hace Dios de las maneras más asombrosas), sino lograr que se ore por las personas. Intentamos poner en contacto los ministerios de intercesión y oración en el mundo para lograr que oren «unánimes» como lo dice Hechos 1.14. Se me ocurre que si Lucas pensó que era suficientemente importante registrar en Hechos 1 que ciento veinte individuos estaban orando unánimes, ¿qué pensaría si supiera que ahora estamos logrando que ciento veinte *naciones* oren unánimes? ¡Eso es lo que está ocurriendo!

HIPÓTESIS: MIENTRAS MÁS SE ORA, MEJOR

Mi hipótesis es que mientras más se ora, mejor. La Biblia enseña sobre los beneficios de acuerdos de oración en varios lugares. Jesús dijo: «Donde están dos o tres congregados en mi nombre, allí estoy yo en medio de ellos» (Mateo 18.20). Con esto no quiero decir que cuando una persona ora sola no tiene valor o no lo hace bien. Lo que quiero decir es que cuando dos o más consienten en orar, la oración es enormemente más poderosa que cuando ora uno solo de ellos.

Leemos en el Antiguo Testamento que si uno puede hacer huir a mil, dos pueden hacer huir a diez mil (véase Deuteronomio 32.30). Oí decir que el ganador de una competencia de caballos en una feria haló nueve mil libras y el segundo haló ocho mil. No obstante, enganchados juntos ¡los dos caballos halaron veinticinco mil libras! De igual manera, ocurre alguna clase de incremento exponencial en el poder de la oración cuando más personas oran juntas por lo mismo.

Ocurre alguna clase de incremento exponencial en el poder de la oración cuando más personas oran juntas por lo mismo.

Pensé en esto cuando hace poco estuve en Colombia. Supe que en Cali, el vórtice de los carteles de drogas suramericanos, los creyentes se reúnen para orar en una magnitud y programación regular tal como la que no había oído en ninguna otra ciudad. Alquilan el estadio de fútbol más grande de la ciudad tres veces al año para hacer reuniones de oración toda la noche. En las dos últimas reuniones estuvieron cincuenta mil creyentes y otros miles se quedaron afuera. ¡Uno sabe que algo extraordinario sucede cuando los estadios empiezan a llenarse toda la noche para hacer oración!

En Seúl, Corea, esos números se han superado varias veces, aunque no con tal regularidad programada. Sin embargo, ciertos eventos han atraído a más de un millón de personas para orar juntos en la plaza Yoido en dos o tres ocasiones. Más de noventa mil llenan de vez en cuando el nuevo estadio olímpico para celebrar reuniones de oración.

UN EJÉRCITO PODEROSO DE GUERREROS DE ORACIÓN

La Cadena Unida de Oración 2000 D.C. se ha estado moviendo en varias direcciones paralelas, incluyendo la única iniciativa de la llamada «Oración por la Ventana». Luis Bush, director internacional del Movimiento A.D. 2000 despertó en medio de una noche de 1991 en Bangladesh y me escribió una carta. En ella decía: «Peter, si vamos a ver un gran adelanto espiritual y un avance del evangelio, de tal manera que se establezca la iglesia en la ventana 10/40 para el año 2000, se va a necesitar una enormidad de oración y ayuno.

Necesitamos un ejército poderoso de guerreros de oración en nivel estratégico que digan: *Señor, dame la ventana 10/40 o moriré*. Debemos tener al menos un millón preparados para orar hasta que ocurra el gran avance».

Poco después se reunieron en Colorado Springs para orar y buscar la dirección divina Dick Eastman, Jane Hansen, Bobbye Byerly, Ted Haggard, Luis Bush, Doris Wagner y Alvin Low. Valientemente hicieron la pregunta: «¿Será posible hacer lo que propone Luis Bush de movilizar un millón de cristianos para orar unánimes por las naciones y los pueblos no alcanzados de la ventana 10/40?» Su respuesta fue: «¿Por qué no? ¡Hagámoslo!» En ese tiempo pensaron que estaban ejercitando gran cantidad de fe. Ahora miran hacia atrás y dicen, sin disimular su satisfacción: «¡Hombres de poca fe!»

Oración por la Ventana I, por ejemplo, centró sus oraciones en las sesenta y dos naciones (ahora son sesenta y cuatro) de la ventana 10/40. Quiero recalcar que al centrar nuestras oraciones en esas naciones no intentamos de ninguna manera afirmar que las almas perdidas de cualquier parte del mundo no necesitan oración poderosa. Suecia necesita oraciones, así como Bangladesh; Toronto necesita oración tanto como Tokio; y los navajos necesitan tanta oración como los nepaleses. Sin embargo, los líderes del Movimiento A.D. 2000 creen que Dios les está dando un mandato especial para enfocarse primordialmente en la ventana 10/40 hasta el final del año 2000, cuando por reglamento la organización deje de existir. Mientras tanto otros movimientos se enfocan en otras partes del mundo y el Cuerpo de Cristo está orando por los perdidos dondequiera que se encuentren.

Durante octubre de 1993 no un millón sino más de veintiún millones de creyentes alrededor del mundo oraban por dos naciones en el mismo día. Siguieron un programa de oración que se tradujo a muchos idiomas y se distribuyó ampliamente. A algunos les pareció que el programa de oración bien pudo haber sido la hoja de papel a la que más se le sacaron copias en el mundo durante todo el año. Muchas personas, especialmente en China, siguieron el programa de oración a través de transmisiones diarias de radio. Tal vez Oración por la Ventana I haya establecido un récord para la participación de más cristianos de manera sincronizada en un esfuerzo global de oración.

LA SACUDIDA DEL DIOS HINDÚ DE LA BUENA SUERTE

India fue una de las dos naciones donde se enfocaron las oraciones el primer día, 1º de octubre de 1993, y la nación resultó afectada fuertemente. Por lo visto, ese día las oraciones debieron haber llenado alguna copa de oro a la que Dios le añadió su «fuego del altar» (Apocalipsis 8.5), porque la Biblia dice que cuando esto sucede habrán «truenos, y voces, y relámpagos, y un terremoto». No estoy discutiendo que esta profecía se haya cumplido literalmente el primero de octubre de 1993, sin embargo el parecido es fascinante, por decir lo menos.

La siguiente es la narración de la revista *Time* sobre el terremoto de ese día en India:

> Con la cabeza de un elefante y el cuerpo de un hombre panzón, Lord Ganesha es una de las deidades más amadas del hinduismo: el dios de nuevos comienzos y de la buena suerte. Multitudes de campesinos en el interior de Maharashtra, un estado hindú occidental que es el sitio donde se ubica el dios que recibe mayor devoción ... concluían un festival de diez días, celebrado en honor a Ganesha, hasta altas horas de la noche con danzas, cánticos y sonido de cuernos. En Killari, una aldea de casi quince mil quinientos habitantes cerca de la frontera del estado Karnataka, las ceremonias culminaron con el ritual de la zambullida de los ídolos en la laguna de la aldea. Alrededor de la una de la mañana los adoradores se apresuraron a sus hogares y cayeron en un sueño profundo. Fue un sueño del que muchos nunca despertaron. A las tres y cincuenta y seis de la mañana un terremoto avanzó con un rugido ensordecedor y un movimiento vibratorio que barrió todo el sector sureño de la meseta del Decán.[3]

---

3. «Mientras dormían», *Time*, 11 de octubre de 1993.

Este no fue un terremoto rutinario. Al año siguiente la Sociedad Geológica de India publicó un libro sobre el mismo, que pasará a la historia como el más fatal que haya golpeado una región continental sólida, y que ocurrió en un lugar considerado por los geólogos como prácticamente inmune a tales sacudidas.

El profesor B.E. Vijayam, miembro de la sociedad de geólogos y cristiano consagrado que el año anterior había ganado el reconocimiento de científico del año en India, despertó por la sacudida de las ventanas mientras dormía en otro estado a muchos kilómetros de distancia. Al comprender que en esta parte de India no deberían sentirse terremotos, el Señor estampó en él las palabras de Jesús acerca de los terremotos en varios lugares del mundo como señal del fin de los tiempos.Encontró estas palabras en Mateo 24.7, y leyó hasta el versículo 14: «Será predicado este evangelio del reino en todo el mundo, para testimonio a todas las naciones; y entonces vendrá el fin». Este se volvió un mensaje personal de Dios para que dedicara su vida a ver que todo grupo de personas inconversas de la India sean alcanzadas por el evangelio. Lo que no sabía es que el día del terremoto él se convirtió en una de las respuestas a las oraciones de veintiún millones de cristianos.

Eso no es todo. Hasta ese entonces no se había progresado mucho en extender el evangelio en el estado de Sikkim en la región norte de India. Sin embargo, el primero de octubre las fuerzas espirituales que mantienen esclavizado el pueblo de Sikkim parecieron debilitarse y desde entonces se convierten del budismo tibetano aproximadamente cien personas por día. Los informes señalan que al momento de escribir esto, entre el diez y el veinte por ciento de la población de Sikkim son creyentes.

Dick Eastman, quien junto con Jane Hanson de Aglow Internacional fue presidente de Oración por la Ventana I, informa que su ministerio, Todo Hogar para Cristo, estaba iniciando todos los días en India tres nuevos «grupos de Cristo», muchos de los cuales son embriones de iglesias. Estaban felices con esa clase de frutos. No obstante, al año siguiente del acontecimiento de octubre la cantidad de grupos se incrementó a diecisiete por día. Eastman sabe que nada más pudo haber ocasionado el dramático cambio que los veintiún millones de creyentes orando unánimes por India en octubre de 1993.

Oración por la Ventana II se concibió en la ola extraordinaria de fe que siguió a Oración por la Ventana I. Michael Little, presidente de la Cadena Cristiana de Televisión (CBN, por sus siglas en inglés), aceptó presidir el comité y las cien «ciudades de entrada» de la ventana 10/40 se convirtieron en el blanco. Estas no eran necesariamente las cien ciudades más grandes, sin embargo existían razones para creer que estaban entre las más importantes en relación con lo espiritual. Cada una de las naciones tenía como mínimo una ciudad de entrada en la lista.

Se liberaron varios recursos de alta calidad para ayudar a incrementar la cantidad de esas personas que oraban «unánimes». Se desarrolló un programa de oración similar al primero, en el que se oraba por tres ciudades en unos días y por cuatro en otros días de octubre de 1995. Fue sorprendente la circulación mundial de tal programa de oración en muchos idiomas. Un equipo en viaje de oración de la Iglesia Nueva Vida de Colorado Springs hizo un fascinante descubrimiento.

UNA IGLESIA LOCAL PUEDE SER DETERMINANTE

Ted Haggard de la Iglesia Nueva Vida es uno de los pastores más activos en dirigir y movilizar su congregación a orar por la ventana 10/40. Lo primero que hizo fue colgar en el techo de su enorme centro de adoración las banderas de cada nación y territorio en el mundo. Las banderas de las naciones de la ventana 10/40 tenían etiquetas identificatorias. Haggard es miembro del comité de Oración por la Ventana, y su iglesia también provee personal y apoyo económico para la Cadena Cristiana de Información. A esta cadena se asignó la enorme labor de coordinar todos los viajes de oración dentro de la ventana 10/40. Haggard dirigió en octubre de 1993 un equipo de su iglesia para orar en Albania. En cuanto regresaron, él comenzó a inquirir del Señor a dónde deberían ir en 1995.

Ted Haggard no es de los que tienden a rehuir desafíos tan formidables. Cuando la Cadena Cristiana de Información dio los informes de Oración por la Ventana I, se vio que solo uno de los sesenta y dos países de la ventana 10/40 no se visitó con un equipo en viaje de oración en 1993: Katar, una pequeña península en el Golfo Pérsico al lado de Arabia Saudí. Esa información fue suficiente para que Ted se pusiera a orar: «Dios, ¿qué tal Katar?» La respuesta fue: «¡Anda!»

Reunión secreta de oración

Katar no es el país más fácil de visitar. No existen las visas para los occidentales. Sin embargo, Dios abrió la puerta y un par de días después de llegar el pastor Ted y su equipo se encontraron con algunos creyentes secretos expatriados. Los invitaron a asistir a una reunión clandestina tarde en la noche y los condujeron por un laberinto de calles y callejones hasta que llegaron a un edificio que aparentaba estar vacío. Pasaron por otro laberinto de puertas, corredores y escaleras hasta que llegaron finalmente al oscuro salón de reuniones. Se prendió una pequeña bombilla solo después de que se cerrara la puerta. Habían tapiado las ventanas, de tal manera que afuera no se podía escuchar ningún ruido.

¡Imagínese la sorpresa del pastor Ted al ver pegado en la pared el programa de oración por las ciudades de entrada de Oración por la Ventana II! Los creyentes no se habían dado cuenta de que este equipo de Colorado estaba asociado con el programa. Creían ser los únicos en tenerlo, y estaban orando fielmente por las ciudades día tras día. ¡Experimentaron una emoción increíble cuando supieron que millones de creyentes en casi todas las naciones del mundo estaban orando «unánimes» con ellos y por ellos!

Además del programa de oración, que apareció en lugares inesperados, la editorial YWAM imprimió un libro de ciento cincuenta páginas, *Praying Through the 100 Gateway Cities of the 10/40 Window* [Oración por las cien ciudades de entrada en la ventana 10/40]. El libro contiene una reseña de una página de cada ciudad, que incluye un mapa con puntos importantes de oración por la ciudad. Además, la CBN produjo un video completo llamado *Light the World* [Iluminen el mundo] que se tradujo a varios idiomas. Copias de él se distribuyeron y se vieron en iglesias y estaciones de televisión de todo el mundo.

WINDOWATCHMAN INFORMA LOS RESULTADOS

Teníamos suficiente fe para creer que para octubre de 1995 superaríamos los veintiún millones de Oración por la Ventana I. ¡Por lo tanto nos sentimos eufóricos cuando Beverly Pegues, director de la Cadena Cristiana de Información anunció que treinta y seis millones oraban unánimes por las ciudades de entrada! Los resultados de Oración por la Ventana I y II se publicaron en libros editados por Pegues y llamados *WindoWatchman* [Vigilantes de la ventana] y *WindoWatchman II*. Estos libros son un esfuerzo para informar a los intercesores y al Cuerpo de Cristo en general cómo sus oraciones tuvieron respuesta.

Oración por la ventana III está en marcha cuando este libro se escribe. El blanco son los mil setecientos treinta y nueve grupos más importantes de personas no alcanzados de la ventana 10/40. El programa de oración los agrupó en ciento cuarenta y seis «grupos de entrada» para los treinta y un días de octubre de 1997. Se publicó un libro de ciento veinte páginas escrito y editado por el Proyecto Caleb y titulado *The Unreached Peoples* [Las personas no alcanzadas]. En él se describe cada grupo y se incluyen mapas de sus regiones para los días en que recibirán oración.

CBN produjo un video completo, *To the Ends of the Earth* [Hasta lo último de la tierra]. El Centro Mundial de Oración Bethany, una iglesia local en Baton Rouge, Louisiana, pastoreada por Larry Stockstill, emprendió la enorme tarea de investigar, escribir y publicar reseñas de cuatro páginas de cada uno de los mil setecientos treinta y nueve grupos de personas inalcanzadas. Otra iglesia local, la Manna de Fayetteville, Carolina del Norte, pastoreada por Michael Fletcher, instaló un nuevo procesador de datos en el que se está confeccionando de una lista de diecisiete mil trescientas noventa iglesias locales, cada una de las cuales se compromete a orar fervientemente por un grupo asignado, no hasta 1997 sino hasta el fin del año 2000. Esto significa que cada grupo de inalcanzados tendrá no menos de diez congregaciones concentradas en orar por ellos semana tras semana y mes tras mes.

Todavía hay más. El Centro de Oración Bethany, líder en el movimiento global de células en los hogares, aceptó comprometer diez grupos de células de hogar para orar por cada grupo inalcanzado a través de A.D. 2000. Lo lograron en menos de un año y en el momento en que se escribe este libro están trabajando en la segunda ronda; están decididos ahora a tener veinte grupos de células de hogar orando por cada uno de los mil setecientos treinta y nueve grupos de inalcanzados. Esto significa que treinta y cuatro mil setecientos ochenta grupos ayudarán a llenar las copas de oro de las naciones semana tras semana y mes tras mes.

No me aventuraré a imaginar cuántos participarán en este tercer esfuerzo, pero me sorprenderá si no se superan nuestros sueños y anhelos corrientes. Estoy registrando todos estos hechos y cifras para levantar nuestra fe en que las oraciones de los santos están de verdad llenando las copas de oro con incienso. Esto agrada a Dios y mueve su mano para liberar nación tras nación y pueblo tras pueblo de los poderes de la oscuridad que hasta ahora han cegado sus entendimientos para comprender el evangelio.

LOS VIAJES DE ORACIÓN

Repitamos la cita de Jack Graham en el capítulo anterior: «El avivamiento llegará cuando derribemos los muros que hay entre la iglesia y la comunidad». Comenté allí que dos de las nuevas y emocionantes maneras en que los cristianos están alcanzando sus ciudades con oración son las marchas de alabanza y las caminatas de oración.

Otras dos formas de oración fuera de las iglesias se pueden relacionar más como categorías de oración por naciones completas que por ciudades específicas: concretamente, los viajes de oración y las expediciones de oración. Mencioné varias veces los «viajes de oración», como el de Ted Haggard a Katar, en los informes sobre la iniciativa Oración por la Ventana. Estos exigen un poco más de explicación.

Cada uno de los esfuerzos de oración combina millones de personas que oran en los hogares y en la iglesia con algunas otras personas que sienten el llamamiento y están equipadas para viajar a orar «en el lugar y con visión». Ambos esfuerzos son importantes si vamos a orar con seriedad y poder por las naciones. En *Windo-Watchman*, por ejemplo, Beverly Pegues muestra cómo encajan:

Al leer acerca de las experiencias [de viajes de oración] en varios países, usted estará encantado de ver cómo el Señor habló a sus intercesores en los hogares para que oraran cuando la batalla se vuelve feroz. Mediante sus oraciones cambiaron radicalmente algunas situaciones, las barreras del idioma desaparecieron y se produjeron milagros y sanidades a medida que las vidas fueron tocadas por el poder del Espíritu Santo.[4]

Ciento ochenta y ocho equipos de viajes de oración en 1993 hicieron doscientos cincuenta y siete viajes para orar dentro de las naciones de la ventana 10/40. Esta cantidad incluye solamente los que se registraron en la Cadena Cristiana de Información. Es difícil saber cuántos no se registraron, pero se cree que pudo haber sido otra cantidad igual. Esta primera vez los equipos recibieron solo un mínimo de información estratégica espiritual (minirreseña de la nación preparada por el Grupo Centinela de George Otis, hijo, que constaba de solo media página). Sin embargo, esta información se extendió después a una reseña de cuatro páginas de cada país, en la que se incluyen antecedentes históricos, pueblos inalcanzados, competencia espiritual, tendencias notables e incumbencias de oración nacional por cada uno.

El libro resultante, *Strongholds of the 10/40 Window* [Fortalezas de la ventana 10/40] es para los intercesores una de las guías de información más importantes que se puede conseguir. En él George Otis, hijo, menciona el «apetito voraz» que tienen los intercesores por poseer información. «Las personas no solo quieren orar», dice Otis, sino que «quieren hacerlo de manera inteligente. Quieren asegurarse que sus oraciones causarán un genuino impacto en la enconada batalla espiritual sobre comunidades y grupos específicos. Comprenden que para lograrlo se requieren blancos coordinados exactos».[5]

---

4. Beverly Pegues, ed., «Introducción», *WindoWatchman*, 1994, p. 12.
5. George Otis, hijo, ed., *Strongholds of the 10/40 Window: Intercessor's Guide to the World's Least Evangelized Nations* [Fortalezas de la ventana 10/40: Guía de intercesión por las naciones menos evangelizadas del mundo], YWAM Publishing, Seattle, 1995, p. 9.

Más blancos coordinados para 1995 y 1997 se encuentran en dos libros ya mencionados: *Praying Through the 100 Gateway Cities of the 10/40 Window* [Oración por las cien ciudades de entrada en la ventana 10/40] and *The Unreached Peoples* [Las personas no alcanzadas]. En octubre de 1995, doscientos treinta y tres equipos de viajes de oración, conformados por dos mil cuatrocientos sesenta y cinco intercesores de cuarenta y ocho naciones, hicieron seiscientos siete viajes de oración. Estas son cantidades oficiales de la Cadena Cristiana de Información, pero no me sorprendería si en realidad fueran diez mil intercesores realizando viajes de oración, muchos de los cuales por diversas razones no se reportan.

EL AMOR A LOS ENEMIGOS

Cuando se le estaba dando forma al proyecto le comuniqué a Paul Ariga, coordinador en Japón de la Cadena de Oración Unida 2000 D.C., que en su país estaban cuatro de las ciudades de entrada. Le dije también que unos cuatrocientos intercesores estarían llegando a Japón, cien por cada una de las ciudades, simplemente para pedir bendiciones de Dios sobre los japoneses. Entonces le lancé un desafío:

—Si Japón va a recibir cuatrocientos intercesores en octubre de 1995, ¿qué tal si en reciprocidad se envían cuatrocientos intercesores japoneses a otras ciudades en la ventana 10/40?

—No —respondió sombríamente—, ¡no vamos a hacer eso!

Después de darme unos instantes para absorber tan inesperada declaración, se dibujó una amplia sonrisa en su rostro.

—No vamos a enviar solo cuatrocientos —dijo Ariga—, enviaremos ochocientos. ¡Dos japoneses por cada uno de los que vengan!

Efectivamente, ochocientos intercesores japoneses fueron a orar. ¿A dónde fueron? Decidieron hacer viajes de oración a las veintitrés ciudades asiáticas que Japón invadió durante la Segunda Guerra Mundial. ¡Se arrepintieron ante los habitantes por las atrocidades que su nación cometió contra ellos y rogaron a Dios por ricas bendiciones sobre sus antiguos enemigos!

El plan para Oración por la Ventana III es tener orando al menos un equipo de viaje de oración «en el lugar y con visión» sobre el césped de cada uno de los más significativos mil setecientos treinta y nueve grupos inalcanzados de personas. Podría suceder que durante esta iniciativa al menos dieciseis mil intercesores viajen millones de kilómetros por su propia cuenta. Harán esto con el convencimiento de que sus oraciones influirán en liberar a multitudes de la opresión del enemigo y permitirles la oportunidad de volverse de la oscuridad a la luz y del poder de Satanás a Dios.

¿INFLUYE LA ORACIÓN?

Los tres bloques anticristianos más fuertes en el mundo son el budismo, el hinduismo y el islamismo. Hay muchos otros, pero ninguno más atrincherado, mejor informado y colectivamente dispuestos a impedir el avance del reino de Dios. Si estamos en lo cierto al manifestar que en la década de los noventa empezó a florecer en realidad el más grandioso movimiento de oración, la esperanza es que la oración poderosa comenzará a influir de manera considerable. Como se podría esperar, la oración ha estado influyendo de esta manera también.

Para comenzar, llegan informes de que ya se han alcanzado gran cantidad de los originales mil setecientos treinta y nueve grupos inalcanzados de personas. El Proyecto Josué 2000 del Movimiento A.D. 2000 está en el proceso de desarrollar sistemas para verificar tales informes, pero aún no se han ordenado. Personalmente no tengo dudas de que se probará que muchos de esos informes son verdaderos y que se incrementarán mes tras mes. ¡Permanezca en sintonía!

Veamos más específicamente las tres fuerzas anticristianas más importantes.

Budismo: «¡En fuga!»

Mis observaciones comunes me llevan a creer que los principados sobre el budismo están «en fuga». Esta podría ser la primera barrera, después del comunismo, en derribarse en nuestra generación. El budismo ha sufrido graves golpes durante años en Corea del Sur y más recientemente, en mayor escala, en China. China fue la nueva luz que más brillaba para el evangelio en la ventana 10/40 durante la década de los ochenta y hoy día continúa brillando aun más.

Sin embargo, Tailandia parece ser la nueva luz del mundo budista que más brilla en los noventa. Dos viajes recientes me han convencido que nuestras oraciones tienen respuesta allí y también que Tailandia será un instrumento importante en las manos de Dios para llevar el evangelio a Laos, Myanmar (Burma), Cambodia y Vietnam.

Mi primera visita a Tailandia fue con una cadena autóctona tailandesa llamada La Esperanza de Dios, para una labor de ense- ñanza en el campamento anual de su iglesia. Me asombró ver, en un país donde el cristianismo ha luchado durante 150 años, a diez mil creyentes reunidos en un hotel situado en una hermosa playa para alabar, orar, refrescarse, capacitarse e inspirarse. Mi amigo Joseph C. Wongsak, el fundador, informa que tienen veinticuatro cultos semanales en su gigantesca iglesia en Bangkok, setecientas veintidos iglesias en casi todos los distritos de Tailandia y treinta y dos iglesias La Esperanza de Dios en otras dieciséis naciones.

Mi segunda labor ministerial en Tailandia fue enseñar en un congreso de tres mil quinientos líderes durante el día y multitudes de hasta seis mil en las noches. La mayoría eran pentecostales aunque habían también líderes de muchas otras denominaciones tradicionales allí. Los otros dos predicadores eran T.L. Osborn y David Yonggi Cho, quienes conocían la situación de Tailandia mejor que yo.

Cuando los entrevisté, Osborn dijo: «Había predicado el evan- gelio en muchas naciones del mundo, algunas sumamente difíciles, antes de venir por primera vez a Tailandia en 1956. Tailandia resultó ser el país más tenebroso que había visitado hasta ese momento y desde entonces no he estado en otro peor. Sin embargo, algo cambió. En 1996 el Espíritu de Dios está fluyendo con claridad y libertad en esta nación».

Cho dijo: «He venido con regularidad a Tailandia durante veinte años. Cada vez que venía me enfermaba la penetrante opresión espiritual en este país. ¡Esta es la primera vez que recuerdo estar aquí sintiendo una completa libertad espiritual!»

Varios líderes tailandeses manifestaron que hoy día es fácil llevar a su gente a Cristo. Les pregunté entonces cuándo habían notado el cambio y sus cálculos giraban alrededor de octubre de 1993, tal vez el primer mes en que veintiún millones de creyentes oraron unánimes en un día por la evangelización de Tailandia. ¡Sí, es cierto que la oración tiene influencia!

Hinduismo: «¡Muy estropeado!»

Los principados demoníacos sobre el hinduismo están «muy estropeados». Nepal, en el Himalaya, es el único estado monárquico hindú en el mundo y desde hace poco se ha convertido en una de las luces más brillantes para el evangelio en la ventana 10/40. Las semillas se plantaron durante años por la obra social de la Misión Unida de Nepal y más recientemente a través de la película *Jesús* de la Cruzada de Campo para Cristo, por medio de literatura distribuida por Todo Hogar para Cristo y por otros ministerios.

Muchos cristianos nepaleses estaban deseosos de cumplir sentencias de seis años de cárcel por convertirse a Cristo. Entonces en 1990 se hicieron algunos cambios en la constitución nacional que permitía un poco más de libertad. Todavía se supone que es un delito convertirse al cristianismo, pero ahora la ley no es muy estricta y las iglesias se multiplican de norte a sur y de este a oeste. Cuando hace poco visité Nepal para ayudar a inaugurar un gran centro de adoración y estudio bíblico, los líderes calculaban que de doscientos a trescientos mil nepaleses se habían convertido en el país. Uno dijo que las iglesias se multiplicaban con tanta rapidez que era imposible contarlas.

El dramático terremoto en India que mencioné antes fue solo una señal de que se había estropeado la fortaleza más grande del hinduismo, que es India. La mayoría de cristianos en India han llegado del sur; sin embargo, desde el norte llegan muchos informes de grandes avances y multiplicación de iglesias a través de señales y maravillas. Por ejemplo, el estado himalaya de Sikkim, que tenía una resistencia incondicional al cristianismo, se abrió de manera considerable desde octubre de 1993. Algunos informes señalan que el veinte por ciento de la población es creyente e incluso en algunos sitios es treinta por ciento.

John DeVries de Misión 21 India visitó Calcuta en octubre de 1995. Este es su informe:

He estado en Calcuta muchas veces y cada vez que iba era una experiencia deprimente. Me producía un abatimiento espantoso; la depresión crecía estando allí; y solo después de unas semanas me recuperaba. Pero fue totalmente diferente en octubre de 1995. Llegué al aeropuerto el lunes y me asombró lo claro y limpio que se veía todo. Mis emociones resplandecían mientras iba al hotel. Estaba lleno de optimismo y de una sensación de victoria. Me sorprendían los himnos de alabanza que se elevaban en mi espíritu a medida que viajaba por las calles de Calcuta, las que de manera repentina y misteriosa no parecían tan tenebrosas y deprimentes como de costumbre.

Cuando me registré en mi hotel me informaron que en el cuarto piso había un equipo de oración de Calgary, Alberta, y entonces comprendí lo que estaba sucediendo. ¡Era el mes de Oración por la Ventana II! Cristianos de todo el mundo estaban orando por las ciudades de entrada a la ventana 10/40. Era lunes, y mi programa de oración me informaba que el miércoles treinta y seis millones se enfocarían en Calcuta. Tuve la extraña sensación de que Kali, la diosa negra de la destrucción y patrona del área, había abandonado temporalmente el lugar en compañía de sus demonios. ¡Hasta la oscura y triste nube espiritual que cubría la ciudad en forma de contaminación demoníaca había desaparecido por las oraciones del pueblo de Dios![6]

¿Tiene influencia la oración sobre las fortalezas hindúes de la ventana 10/40? Pregúntele a John DeVries.

Islamismo: «¡Profundamente preocupado!»

Los principados sobre el islamismo son los más fuertes de las tres religiones. No puedo decir que estén «en fuga» o «muy estropeados», pero definitivamente parecen estar «profundamente preocupados». Un acontecimiento que los ha sacudido es la sorprendente

---

6. Correspondencia personal de John DeVries.

cantidad de musulmanes que se vuelven cristianos en Indonesia, la nación musulmana más grande del mundo, aunque el gobierno no ve con buenos ojos esas conversiones. Es obvio que para cubrir las apariencias el gobierno no hace público su censo religioso.

Oración en el Ramadán. El gobierno debe también estar muy preocupado por el enfoque que le hemos dado a la oración de un mes cada año por los musulmanes en el sagrado tiempo de ayuno en Ramadán, que se celebra en enero y febrero en diferente época todos los años. Este es uno de los «cinco pilares de la fe» musulmana y ayunan desde que sale el sol hasta el ocaso durante treinta días. Hoy día se puede conseguir una magnífica guía de treinta días de oración por los musulmanes, la que se actualiza cada año. También se consigue una versión atractiva para niños. Ahora que la guía de oración está en Internet, es probable que diez millones de cristianos estén fervientemente orando unánimes por los musulmanes durante esos treinta días cada año.

Instruimos a nuestro pueblo a pedir en oración bendiciones para los musulmanes. Nunca proferimos maldiciones. Además recomendamos orar a Dios para que escuche las oraciones de los musulmanes. Esto parecería extraño al principio, hasta que comprendimos que la oración principal de los musulmanes en su tiempo de ayuno es: «Dios, por favor, revélate a mí». Estamos de acuerdo con eso. No puede ser coincidencia que en la década de los noventa han habido más informes de visitas divinas a los musulmanes que tal vez en los cien años anteriores. En las áreas donde está prohibido predicar el evangelio de alguna manera, está brillando la luz, están apareciendo ángeles, se muestra Jesús, ocurren sanidades, se escuchan voces, se materializan visiones y se comunica el mensaje del evangelio mediante sueños vívidos.

EXPEDICIONES DE ORACIÓN

Como ya lo dije, dos de las más novedosas formas de oración fuera de las iglesias son los viajes y las expediciones de oración. El viaje de oración típicamente involucra un equipo que viaja a cierto lugar predeterminado, ora por unos pocos días o por una semana y regresa luego a casa.

La expedición de oración requiere un compromiso mayor porque el equipo viaja, generalmente a pie, de un lugar determinado a otro, abriendo regiones enteras a la presencia y al flujo del Espíritu Santo. Recientemente, para nombrar unas pocas, se han realizado expediciones de oración desde Berlín hasta Moscú, de San Diego a San Francisco y se siguió el recorrido del general Sherman durante la guerra entre el norte y el sur de los Estados Unidos, para sanar las heridas que se infringieron unos a otros. Tales expediciones requieren mucha planificación y la mejor cartografía espiritual si se quieren alcanzar buenos resultados y que la oración sea de la clase poderosa.

ARREPENTIMIENTO POR LAS CRUZADAS

Regresando al islamismo, no me sorprendería mucho si una iniciativa corriente de oración que tiene asustados a los principados sobre este sistema sea la Caminata de Reconciliación. Tuve el privilegio de estar el domingo de Pascua de 1996 en Colonia, Alemania, en el novecientos aniversario del inicio de la primera cruzada, dirigida por Pedro el Ermitaño.

Junto con Loren Cunningham y Lynn Green, ambos de YWAM, apoyamos con oración y comisionamos la primera expedición de oración a seguir todas las rutas conocidas de la primera cruzada por Europa, los Balcanes, Turquía y el Medio Oriente y programada para entrar en Jerusalén en 1999. Se anticipa que decenas de miles de cristianos se unirán a esta expedición por períodos más cortos o largos, coordinados por la oficina de Lynn Green en Londres, Inglaterra y con solo un propósito: el sincero arrepentimiento colectivo de los pecados cometidos por nuestros antepasados cristianos contra los musulmanes y judíos.

El equipo de oración pidió permiso para entrar el domingo de pascua en la tarde a la mezquita en Colonia para leer su declaración de arrepentimiento de una página ante el imán, el equivalente musulmán de pastor. Al finalizar, las lágrimas eran abundantes en los ojos del imán.

«Este mensaje es asombroso», dijo. «Debió haber una manifestación de Dios para el que tuvo esta idea».

El imán estaba tan conmovido que prometió enviar el mensaje a todas las seiscientas mezquitas de Alemania, lo que posteriormente hizo. Semanas después un miembro del equipo de oración se encontró en medio de una reunión al aire libre de unos tres mil musulmanes en Viena, Austria. Se sorprendió cuando escuchó que el líder decía a la multitud:

«Los cristianos están atravesando Europa para arrepentirse de los pecados de las cruzadas contra los musulmanes. Esto es maravilloso. ¡Creo que es el momento de empezar a arrepentirnos de nuestros pecados contra los cristianos!»

Cuando el equipo de oración llegó en octubre de 1996 a Turquía, se encontró con una extraordinaria recepción. Lynn Green informa:

> Desde su llegada a la frontera de Turquía el equipo experimentó una bienvenida que sobrepasó todas sus expectativas. Diez días antes estuve en Estambul y allí me entrevistó el secretario general de la asociación de prensa. El artículo se publicó el día en que el equipo llegaba, de modo que fueron recibidos por cámaras de televisión, periodistas y una escolta oficial de policía antiterrorista.[7]

El teniente muftí, la segunda autoridad musulmana más poderosa de Estambul, dio en su oficina una recepción personal de bienvenida y aprecio a veinticinco miembros del equipo.

«Este mensaje es muy importante para Turquía», manifestó.

SANIDAD DE LAS HERIDAS DEL PASADO

La razón de que esto parezca ser tan importante para mí se vincula con lo que escribí en el capítulo 5 sobre el arrepentimiento identificatorio. Por siglos los musulmanes han sido el más resistente de los principales bloques anticristianos. Probablemente la fortaleza más importante que dio a Satanás una excusa legal para cegar sus mentes al entendimiento del evangelio la levantaron los cruzados

---

7. Carta personal escrita por Lynn Green para C. Peter Wagner el 8 de noviembre de 1996.

cristianos, quienes entre otras cosas masacraron a treinta mil musulmanes y quemaron vivos más de seis mil judíos cuando entraron a Jerusalén en el año 1099. ¡Hicieron todo esto bajo la bandera de la cruz y anunciaban el asesinato de mujeres y niños en el nombre de Jesús! Aunque muchos cristianos en nuestras iglesias no están conscientes de estas y algunas otras atrocidades peores, los musulmanes sí lo están. Para ellos estos acontecimientos son tan reales como si hubieran ocurrido la semana pasada.

Me gusta la manera en que lo explica el sueco Kjell Sjöberg:

La culpabilidad que nunca ha sido enfrentada es una invitación abierta a los poderes demoníacos. Antes de que podamos atar al hombre fuerte necesitamos enfrentar los pecados que le han dado al enemigo el derecho legal de ocupar el sitio. El diablo y sus principados han sido derrotados por Jesús en la cruz, y no podrían ser capaces de quedarse a no ser por viejas invitaciones que nunca se cancelaron.[8]

El arrepentimiento sincero, en escala proporcional a la magnitud de la ofensa, es una herramienta importante para ayudar a neutralizar las poderosas fuerzas de la oscuridad que han mantenido cautivos a los seguidores de Mahoma a través de los siglos. La Caminata de Reconciliación podría ser un instrumento que Dios utiliza para romper las barreras islámicas al evangelio, abriendo el camino para que millones y millones experimenten personalmente el amor de Dios por medio de Jesucristo. Si esto es así, no asombra en lo más mínimo que los poderes demoníacos sobre el islamismo estén, por decirlo así, «profundamente preocupados».

CANTAR EL «NUEVO CÁNTICO»

El Espíritu Santo está llamando a todo el pueblo de Dios a orar por las naciones. La respuesta crece de manera exponencial. Las copas

---

8. Kjell Sjöberg, «Cartografía espiritual para acciones de oración profética», *La destrucción de fortalezas en su ciudad*, ed. C. Peter Wagner, Editorial Betania, Miami, FL, 1995, pp. 111.

de oro se están llenado con rapidez. Quizás esté cerca el momento en que los ancianos y los seres vivientes puedan cantar el «nuevo cántico» delante del Cordero: «Con tu sangre nos has redimido para Dios, de todo linaje y lengua y pueblo y nación» (Apocalipsis 5.9).

PREGUNTAS DE REFLEXIÓN

1. Todas las naciones del mundo necesitan oración. ¿Por qué entonces se da tanto énfasis a las de la ventana 10/40?
2. ¿Qué piensa de la idea «mientras más se ora, mejor»? ¿Hay más poder en mayor cantidad de oración?
3. Revise y comente los informes de poderes espirituales sobre el budismo, hinduismo e islamismo.
4. Discuta los posibles efectos de la Caminata de Reconciliación en las rutas de la primera cruzada.

La oración innovadora

ASI NO EXISTE LÍMITE A LA CREATIVIDAD QUE HOY DÍA LIBERA EL mensaje que se extiende en el Cuerpo de Cristo relacionado con la oración poderosa, la cartografía espiritual, el arrepentimiento identificatorio, las caminatas de oración, los viajes de oración y la oración fuera de las iglesias. Al deleite puro de iniciar esfuerzos grandes y pequeños de oración se acompaña la fe de que Dios usará realmente estas entidades para influir en las almas perdidas y conducirlas a su reino. Creo que hoy vemos más «oración innovadora» que nunca antes en la historia de la Iglesia. En este capítulo solo la analizaremos por encima y mencionaremos unos pocos casos interesantes.

Por ejemplo, en los Estados Unidos se designaron todos los primeros jueves de mayo como día nacional de oración. David Bryant, de Conciertos de Oración, dirige un comité nacional de oración y Shirley Dobson, de Enfoque en la Familia, dirige el operativo de ese día nacional de oración. Un concierto de oración televisado para todo el país se volvió desde 1995 parte de este suceso; en él se presentan importantes líderes de la música cristiana y millones de personas se reúnen en grupos de oración simultánea en los hogares e iglesias.

UNA INVASIÓN DE ORACIÓN POR TIERRA, AGUA Y AIRE

Entre los líderes más innovadores de oración está Ed Silvoso de Cosecha de Evangelización y autor de un libro clave acerca de la oración evangelizadora, *That None Should Perish*. Hace poco, después de un viaje de investigación con los pastores del área de la Bahía de San Francisco, Silvoso percibió que la región estaba invadida por una clase de «preñez espiritual». En casi toda ciudad del área los pastores habían comenzado a unirse para orar. Parecía como si el tiempo estuviera a punto para que sucediera algo extraordinario en toda el área de la bahía en el día nacional de oración en 1996. Se había orado en pocas ciudades de esta manera.

El dos de mayo de 1996 a las nueve de la mañana se iniciaron simultáneamente cuatro acciones importantes de oración:

1. Despegaron aviones en todos los aeropuertos del área con intercesores que establecieron un manto de oración sobre el área metropolitana.
2. Barcos llenos de personas de oración levaron anclas y navegaron por las aguas de la bahía, pidiendo el poder de Dios.
3. Motociclistas aceleraron sus motores y oraron todo el día en las autopistas.
4. Los intercesores abordaron todas las clases de transporte público, desde autobuses hasta tranvías y desde barcos hasta teleféricos, cruzando toda la región con oración.

Un grupo oró en las gradas del Concejo Municipal. Los equipos que con anterioridad habían realizado la cartografía espiritual adecuada hicieron viajes de oración por áreas clave de fortalezas de las tinieblas, combatiendo las huestes de maldad.

Mientras tanto, a las siete y catorce minutos de la tarde (meditando en 2 Crónicas 7.14), se reunían creyentes en nueve ciudades de los alrededores de la bahía. Los participantes en las reuniones de oración de cada ciudad comisionaron ante el Señor a un grupo de pastores. Estos entonces abordaban un autobús y viajaban unidos hasta la siguiente ciudad, orando por ciertos lugares y necesidades que se habían encontrado a lo largo del camino. Se unían en oración con el grupo que se reunía allí. Al viajar cada grupo hasta la ciudad próxima, los pastores (ya dijimos que eran los porteros espirituales de un área) generaron un círculo completo de oración alrededor del área de la bahía. Esa noche una estación local de radio conectó las nueve ciudades para alabar, celebrar juntos y participar de la Cena del Señor. ¡Qué gran día de oración por el gran San Francisco![1]

Pero allí no terminó todo. Desde entonces ha permanecido en el área un nuevo clima espiritual. En enero de 1997 se reunieron más de doscientos cuarenta pastores en una cumbre de oración. Billy Graham aceptó dirigir allí una cruzada y al momento de escribir esto los creyentes se están movilizando para establecer quince mil «faros de oración» en toda la región.

ORACIÓN EN LAS ONDAS RADIALES

Mencioné en el capítulo 8 las mujeres intercesoras de Goainía, Brasil, a quienes los funcionarios gubernamentales llamaron para que dieran instrucciones sobre cómo manejar un grave motín en la cárcel. La clave para la solución del problema fue su diaria reunión de oración por la radio que cubría la ciudad. Se calcula que hoy día hay más de cien mil personas en Goainía que oran «unánimes» en sus hogares junto a sus radios cada viernes por un mínimo de dos horas.

Un hecho importante emerge al informar que treinta y seis millones de personas participaron en la iniciativa Oración por la Ventana II, intercediendo por las mismas ciudades en el mismo día

---

1. Esta información se sacó de una carta de Ed Silvoso fechada el 15 de abril de 1996 y de una comunicación por correo de Bill y Pam Malone de Pray USA fechada el 15 de abril de 1996.

por treinta y un días. El bloque más grande de personas que oran individualmente se encuentra en China continental. Allí se reúnen iglesias en los hogares, perseguidos por su fe, con pocos recursos como libros, revistas o Biblias.

Sin embargo, estos chinos cristianos han encontrado la manera de sintonizar en la radio estaciones cristianas tales como la compañía radiodifusora del Lejano Oriente, y la mayoría son fieles escuchas. Ellos forman hábitos de oír los mismos programas a la misma hora todos los días. Todos los principales ministerios cristianos internacionales de radio están conscientes de esto y participan en los esfuerzos de Oración por la Ventana. Los locutores, cuyas voces son muy conocidas por sus millones de fieles radioescuchas, dirigen reuniones de oración en mandarín, cantonés o cualquier otro de los dialectos chinos. Ellos siguen los programas de oración, libros y otros recursos que les llegan con el propósito de estimular la oración poderosa simultánea.

Perú cayó en esta década bajo una profunda nube de oscuridad perpetrada por el famoso grupo guerrillero Sendero Luminoso. Pocos países han sido más atormentados por asesinatos, incendios, terrorismo y anarquía que el Perú de esa época. Era tan poderoso que prácticamente reprimió por un tiempo las actividades de las iglesias evangélicas. Sin embargo, hoy día todo es diferente y Perú disfruta una de las más dinámicas evangelizaciones y crecimiento congregacional de toda América Latina.

¿Qué provocó tal cambio? Hace poco visité Perú y busqué la respuesta en los líderes cristianos. Muchos señalaron a una serie de visitas de Harold Caballeros, un pastor guatemalteco y líder de la Cadena Hispanoamericana de Guerra Espiritual. Él empezó a enseñar que la intercesión de nivel estratégico podía hacer retroceder a los poderes opresores de las tinieblas. Esta fue una clave importante. No obstante, otros líderes mencionaron que el cambio se debió a Radio Pacífico, una emisora cristiana que a partir de 1993 comenzó a unir a los creyentes en oración regular mediante las ondas radiales. Al momento de mi visita, veinte mil peruanos oraban «unánimes» con regularidad por su nación y por quienes estaban en eminencia. ¿El resultado? ¡Perú experimentó un cambio radical!

NIÑOS QUE ORAN

Muchos se sorprenden cuando oyen por primera vez que Dios está levantando gran cantidad de niños entre seis y catorce años que oran en la categoría de adultos. Este fenómeno no parece ser aislado, ya que llegan informes continuos de que esto ocurre en diversas naciones del mundo.

Para los cristianos bíblicos es fácil creer que Dios puede hacer esto. Son muy conocidas las palabras de Jesús cuando expulsó a los mercaderes del templo: «Escrito está: Mi casa, casa de oración será llamada» (Mateo 21.13). En esa misma ocasión los principales sacerdotes y los escribas se indignaron de que los *muchachos* aclamaban diciendo: «Hosanna al Hijo de David» (v. 15). Jesús les respondió: «Sí, ¿nunca leísteis: De la boca de los niños y de los que maman perfeccionaste la alabanza?» (v. 16). Aun hay más.

Jesús estaba citando el salmo 8 donde se indica que las oraciones de los niños tienen gran poder en la guerra espiritual, afirmando que lo que sale de sus bocas hace «callar al enemigo y al vengativo» (Salmos 8.2). Quizás por esto Jesús dijo: «Si no os volvéis y os hacéis como niños, no entraréis en el reino de los cielos» (Mateo 18.3).

La Cadena Internacional Esther de West Palm Beach, Florida, está tomando la batuta al movilizar y poner en contacto niños de todo el mundo para orar por la evangelización mundial. Junto con la Cadena Unida de Oración 2000 D.C., Esther Ilnisky formó un equipo de cuarenta niños intercesores de varios países que fueron inscritos (en la misma categoría de adultos) como delegados oficiales a la gigantesca Consulta de Evangelización Mundial 2000 D.C. (GCOWE por sus siglas en inglés), celebrada en 1995 en Seúl, Corea. Se hizo público el mensaje acerca de las poderosas oraciones de los niños, y día tras día grandes filas de adultos, entre los que estaban algunos de los más destacados líderes cristianos del mundo, esperaban pacientemente sus turnos para recibir de los niños la oración de ministración. Posteriores informes de los delegados a GCOWE'95 mencionan con frecuencia cuán importantes habían sido para sus vidas y ministerios las oraciones de los niños. Esther Ilnisky informa que al momento de escribir esto había establecido contacto con casi dos millones de niños de oración y lo está difundiendo.

«Nos Vemos en la Bandera» es una iniciativa de oración innovadora dirigida primero a las escuelas de secundaria y bachillerato de los Estados Unidos y que se extendió a otros continentes. En 1990, algunos estudiantes de un grupo juvenil cristiano de Burleson, Texas, sintieron que el Señor quería que ellos fueran a su

---

En determinada fecha de septiembre ... los estudiantes se toman de las manos y oran alrededor de su bandera escolar ... [esto] no viola la separación entre la Iglesia y el Estado.

---

colegio a orar. Le obedecieron. Al principio su pastor Billy Beacham creyó que esta era otra reunión de oración más. Sin embargo, bajo la providencia de Dios, las noticias se extendieron y los jóvenes de toda la nación empezaron a decir: «Queremos hacer lo que hacen en Texas». Hoy día la Cadena Nacional de Ministerios Juveniles en San Diego, California, ayuda a coordinar lo que ahora ha llegado a ser un movimiento.

Puesto que toda escuela tiene una bandera en su patio, ese se convirtió en el lugar para orar. Hoy día en determinada fecha de septiembre, casi al principio del año escolar, los estudiantes se toman de las manos y oran alrededor de su bandera. Se calcula que en 1996 participaron más de tres millones de alumnos de aproximadamente el setenta y cinco por ciento de todos los colegios estadounidenses. En respuesta a las quejas de algunos oponentes acérrimos a la oración, el Tribunal Supremo declaró que «Nos vemos en la bandera» era una actividad constitucional que no viola la separación entre la Iglesia y el Estado.

EL AYUNO Y LA ORACIÓN

A través de los años de mi experiencia cristiana reconocía que el ayuno era bíblico y que los cristianos probablemente deberían hacerlo, pero debido a que no tenía modelos nunca se convirtió en parte importante de mi estilo de vida. Pude sentir un pacto tácito general de no hablar demasiado del ayuno y en particular no le preguntaba a nadie si ayunaba. Después de todo, ¿no dijo Jesús que cuando ayunemos no lo hagamos saber a nadie (véase Mateo 6.18)? Creo que debido a la aplicación errónea de este pasaje, les faltó a las oraciones de muchos de nosotros en esa época el verdadero poder que debieron haber tenido.

No obstante, en esta memorable década de los noventa el ayuno se ha vuelto un tema candente y de gran aceptación en los programas de los líderes teológicos cristianos. Quien rompió el hielo cuando principiaba la década fue Bill Bright de Campus Crusade. El Señor lo dirigió a ayunar durante cuarenta días. A diferencia de algunos de sus colegas, Bright no fue reticente a hablar del ayuno y lo recomendó ampliamente a todo el Cuerpo de Cristo.

En diciembre de 1994 Bill Bright reunió en Orlando, Florida, a los líderes cristianos de Estados Unidos solo para un ayunar y orar durante tres días. Él no tenía idea de la respuesta que iría a tener, puesto que eso no se había hecho antes. Avisó con solo unos pocos meses de anticipación, cuando muchos de los líderes que estaba

> *La oración acompañada de ayuno sincero, si la hace unánime y en gran escala el pueblo de Dios en una nación dada, puede liberar y liberará la mano de Dios para transformar toda la nación.*

invitando ya tenían sus actividades programadas para uno o dos años. Sin embargo, la respuesta fue sorprendente. Más de seiscientos líderes en representación de más de cien denominaciones llegaron por su propia cuenta a arrodillarse ante el Señor por el bien de su nación y de otras naciones del mundo. Tales acontecimientos, crecientes en tamaño, se han vuelto desde hace algunos años parte de la vida cristiana estadounidense. Una reunión de ayuno y oración en St. Louis, Missouri, en 1996 atrajo la increíble cantidad de tres mil setecientos fieles que no comieron por tres días para rogar por un avivamiento.

EL AYUNO Y EL AVIVAMIENTO ESPIRITUAL

Bright está convencido de que «América y gran parte del mundo experimentará antes del año 2000 un grandioso avivamiento espiritual. Esta visita divina del Espíritu Santo desde el cielo avivará la mayor cosecha espiritual en la historia de la Iglesia. Pero antes de que Dios traiga su poder restaurador, el Espíritu Santo llamará a millones a arrepentirse, ayunar y orar en el espíritu de 2 Crónicas 7.14».[2] Dios dice en esa Escritura: «Si se humillare mi pueblo, sobre el cual mi nombre es invocado, y oraren, y buscaren mi rostro, y se convirtieren de sus malos caminos; entonces yo oiré desde los cielos, y perdonaré sus pecados, y sanaré su tierra».

Aunque el ayuno no se menciona específicamente en este pasaje bíblico, Bill Bright argumenta de manera convincente:

> El ayuno es la única disciplina que cumple todas las condiciones de 2 Crónicas 7.14. Cuando alguien ayuna se humilla a sí mismo; tiene más tiempo para orar, más tiempo para buscar el rostro de Dios y seguramente se volvería de todo pecado conocido. Cualquiera puede leer la Biblia, orar o ser testigo de Cristo sin arrepentirse de sus pecados. Pero no se puede entrar en un ayuno genuino con un corazón y motivos puros sin cumplir con las condiciones del pasaje.[3]

Elmer Towns, autor del excelente libro *Fasting for Spiritual Breakthrough* [Ayuno para un avance espiritual] está de acuerdo al decir:

---

2. Bill Bright, *The Coming Revival: America's Call to Fast, Pray, and «Seek God's Face»* [La renovación venidera: Un llamado a ayunar, orar y «buscar el rostro de Dios»], New Life Publications, Orlando, FL, 1995, p. 29.
3. *Íbid.*, p. 17.

El ayuno no es un fin en sí mismo; es un medio por el cual podemos adorar al Señor y someternos a nosotros mismos con humildad ante Él ... Uno de los mayores beneficios espirituales del ayuno es que prestamos más atención a Dios (nos volvemos más conscientes de nuestra propia ineptitud y de su aptitud, de nuestras contingencias y de su autosuficiencia) y escuchamos lo que quiere que seamos y hagamos.[4]

En su libro Towns sugiere nueve maneras diferentes de ayunar, dirigidas a solucionar nueve necesidades distintas en individuos e iglesias. Cada ayuno sigue una prescripción diferente para lograr su propósito.

Tanto Bill Bright como Elmer Towns dicen que la oración junto *con ayuno sincero*, si la hace unánime y en gran escala el pueblo de Dios en una nación dada, puede liberar y liberará la mano de Dios para transformar toda la nación. Towns dice: «Si todas nuestras iglesias ayunaran, avanzarían en la evangelización y extenderían la mano para alimentar y ayudar a otros. Dios entonces derramaría su presencia sobre su pueblo».[5]

LA MÁS LARGA Y CONTINUA CADENA DE ORACIÓN

El domingo de Pascua de 1988, unos jóvenes adultos energéticos de Juventud con una Misión (JUCUM, por sus siglas en inglés) subieron al Monte de los Olivos, prendieron una antorcha y al estilo olímpico comenzaron a llevarla por todo el mundo para ayudar a estimular la oración para evangelizar al mundo. Desde entonces miles han tomado parte en transportar la antorcha de oración de ciudad en ciudad y de nación en nación. En una carrera de norte a sur, desde Alaska hasta la región antártica, ¡el equipo tuvo que cambiar de zapatos de atletismo a botas para la nieve para completar la ruta! Hasta el momento de escribir este libro, la «Carrera de la

---

4. Elmer L. Towns, *Fasting for Spiritual Breakthrough* [Ayuno para un avance espiritual], Regal Books, Ventura, CA, 1996, pp. 17-18.
5. Íbid., p. 15.

antorcha», como la llaman, ha cubierto cuarenta países y registrado unos ochenta mil kilómetros, el doble de la distancia alrededor de la tierra. El interés continúa creciendo y no hay una frontera a la vista.

La carrera de la antorcha puede ser solo una de las múltiples causas, pero es un hecho que desde que JUCUM comenzó con esta clase innovadora de oración en 1988, la oración por la evangelización mundial ha alcanzado en muchas formas una proporción nunca vista que continúa elevándose más cada año.

CANTIDAD DE ORACIÓN: MILLONES DE HORAS

En estos días de grandioso movimiento mundial de la oración, esta ha crecido en cantidad y calidad. No es de sorprender que los japoneses hayan tomado la iniciativa en aplicar alta tecnología para controlar cantidades masivas de oración. Paul Ariga, que dirige en Japón la Cadena Unida de Oración 2000 D.C., es también uno de los fundadores de Misión de Avivamiento en todo el Japón. Condujeron en 1993 una misión masiva de avivamiento de tres días en el estadio de béisbol de Osaka con sesenta mil sillas de capacidad. En la preparación decidieron reclutar «guerreros de oración» que aceptaron orar con regularidad por el avivamiento. Juntamente con ellos reclutaron también un grupo de «guerreros de ayuno y oración» que prometieron combinar el ayuno sincero con sus oraciones.

A cada intercesor se le pidió que hiciera un cuidadoso registro en una tarjeta impresa de la cantidad de tiempo que pasara orando por el encuentro de avivamiento. Cuando se completaban diez horas, se enviaba por correo la tarjeta a la oficina y se empezaba una nueva tarjeta. Se estableció un banco de datos para mantener el rastro de los intercesores y el número de horas que habían orado. La meta inicial fue ciento ochenta mil horas, una por cada silla del estadio durante los tres días, sin embargo, para el momento de las reuniones se había duplicado a trescientos cincuenta mil horas de oración, dos por cada silla. ¡Se registró un récord de conversiones a Cristo de veintidos mil asistentes!

No obstante, los intercesores no quisieron detenerse. Estaban tan animados por los primeros resultados que Paul Ariga y otros decidieron ir más allá y establecer una meta de un millón de horas registradas de oración por el avivamiento en Japón. ¡En octubre de 1996 anunciaron que habían alcanzado un millón mil ciento cuatro horas! Para entonces tenían registrados quince mil ciento setenta y cinco guerreros de oración y dos mil ochocientos noventa y seis guerreros de ayuno y oración. Aun así no quisieron detenerse. Su plan de oraciones corrientes se centró en una hora de oración por cada uno de los trescientos setenta y siete mil setecientos cincuenta kilómetros cuadrados del Japón antes del siguiente encuentro de avivamiento en Tokio en 1998. Pienso que superarán con creces esa meta. Hoy día tienen un número telefónico gratuito para las personas que deseen reclutarse como guerreros de oración.

CALIDAD DE ORACIÓN: ORACIÓN VIOLENTA

Como lo he mencionado varias veces, la de los noventa parece ser la década en la cual los cristianos están, como nunca antes, apretando el paso en la guerra espiritual agresiva. Por el poder del Espíritu Santo estamos hoy día invadiendo el territorio enemigo de manera manifiesta y sin precedentes. Por definición toda guerra involucra violencia. Sin embargo nuestra violencia no es física sino *espiritual*. «Porque las armas de nuestra milicia no son carnales, sino poderosas en Dios para la destrucción de fortalezas» (2 Corintios 10.4).

Puesto que nuestra principal arma de guerra espiritual es la oración, se podría esperar que las oraciones de los noventa sean más violentas en calidad que muchas de las anteriores. Es más, eso es lo que está ocurriendo. Por ejemplo, el subtítulo del influyente libro de Cindy Jacobs, *Conquistemos las puertas del enemigo*, es: *Instrucciones para una intercesión militante*. Es probable que en los ochenta este libro no hubiera tenido el éxito que tiene hoy día.

En un boletín reciente de La Iglesia en el Camino de Van Nuys, California, el pastor Jack Hayford escribió una columna que denominó «¡Una época de violencia santa!» Una semana antes, una mujer que oraba por su ciudad frente a un gran grupo de pastores y líderes gritó emocionada: «¡Sean violentos! ¡Sean violentos!»

Hayford informa: «El gran equipo de pastores y líderes presentes Jesús: "El reino de los cielos sufre violencia, y los violentos lo arrebatan" (Mateo 11.12). Esta es la afirmación central de un pasaje en que nuestro Señor declara el principio: No existen maneras suaves de tener una victoria espiritual, ¡es necesaria la violencia santa!».[6]

Animando a que su congregación se comprometa en la «guerra santa en el reino invisible», Hayford continúa:

> No hay nada, repito, ¡NADA! más esencial o básico para la oración victoriosa que la oración violenta. Esta es la oración que rompe las reglas de la reserva humana, las lágrimas que erosionan nuestro comportamiento impecable, el fuerte clamor que se levanta sobre la recitación de palabras religiosas. Esta oración se vuelve poderosa, no porque vibra por la emoción sino porque rompe las ataduras del simple razonamiento. *Tiene* razón, y las palabras que emite tienen coherencia nacida de la *mente* de Dios, pero la pasión que les da fuerza provienen de su *corazón*.[7]

Este es un mensaje muy importante no solo para la congregación de Hayford, sino también para todo el Cuerpo de Cristo.

Hechos de oración profética

La expresión «hechos de oración profética» era nueva para mí cuando la escuché por primera vez hace poco tiempo. Sin embargo, los hechos de oración profética de los que habla Jack Hayford se vuelven cada vez más comunes, a medida que se expande mundialmente el movimiento de oración y que crece en gran manera el poder que hay detrás de nuestras oraciones. A menudo la violencia en los hechos de oración profética alcanza niveles máximos de intensidad.

Incluyo hechos de oración profética en un capítulo sobre la oración innovadora no porque tales hechos sean nuevos, ya que las Escrituras están llenas de ellos. Los incluyo porque (1) son muy

---

6. Jack Hayford, «¡Una época de violencia santa!», en el boletín de La Iglesia del Camino, Van Nuys, CA, 3 de marzo de 1996.
7. *Íbid.*

diferentes de los medios que hemos usado para orar muchos de los que venimos de las corrientes más tradicionales, y (2) la innovación y la creatividad parecen estar entretejidas con el mismo material de los hechos de oración profética. No obstante, esto no se refiere a la innovación o creatividad *humanas*. La palabra «profética» se usa en parte debido a que el diseño para cualquier acto de oración auténtica llega a través de la revelación mediante la oración de doble vía, como lo describí en el capítulo 2. En pocas palabras, es innovación y creatividad *divinas*.

Para entrar en el concepto de los hechos de oración profética solo debemos recordar nuestros conocimientos básicos del Antiguo Testamento. En cierto momento, por ejemplo, Dios le dijo a Jeremías que escondiera su cinto de lino en la hendedura de una piedra a orillas del río en el Éufrates (véase Jeremías 13.1). Después de un tiempo Dios mandó a Jeremías a buscar el cinto, que estaba podrido y no servía para nada. ¿La lección?. Dios dijo: «Así haré podrir la soberbia de Judá» (v. 9).

A Isaías se le ordenó andar desnudo y descalzo como un acto profético. Dios entonces dijo: «De la manera que anduvo mi siervo Isaías desnudo y descalzo tres años, por señal y pronóstico sobre Egipto y sobre Etiopía, así llevará el rey de Asiria a los cautivos de Egipto ... desnudos y descalzos, y descubiertas las nalgas» (Isaías 20.3,4). Esto parecería extraño si no viniera explícitamente de Dios. A Ezequiel se le dieron instrucciones de cortarse la barba y el cabello, de quemar la tercera parte, de cortar otra tercera parte con una espada y esparcir al viento la otra tercera parte (véase Ezequiel 5.1-4). Estos son hechos innovadores y creativos, por decir lo menos. Pero la innovación y creatividad es de *Dios*. Nuestro papel es sencillamente oír y obedecer.

OÍR Y OBEDECER

Steve Hawthorne y Graham Kendrick dicen: «Las acciones proféticas son algo común en las Escrituras. Personas de todas las generaciones de fe utilizaron gestos y acción demostrativa. Dios separó el Mar Rojo, pero colocó una vara en la mano de Moisés como un puente al poder del cielo».⁸ Nos recuerdan luego la toma de Jericó por Josué al marchar alrededor de la ciudad: «El desfile no se preparó con el fin de que fuese una danza de guerra para intimidar a los enemigos ni para dar ánimo a los guerreros. Las marchas, los gritos, las trompetas eran en realidad oraciones demostrativas, declaraciones de fe representadas».⁹ Nehemías enfrentaba una racha de usura entre su pueblo. Les hizo prometer que devolverían a sus víctimas los bienes que nunca les debieron quitar. Entonces sacudió su vestido y dijo: «Así sacuda Dios de su casa y de su trabajo a todo hombre que no cumpliere esto, y así sea sacudido y vacío» (Nehemías 5.13).

Kjell Sjöberg, director de la Cadena de Guerra Espiritual en Suecia, se encontraba en un viaje de oración en Budapest, Hungría, cuando Dios lo llevó a revisar el acto profético de Nehemías. Ya habían discernido que el espíritu territorial que se oponía al reino de Dios era uno de esclavitud. Sjöberg lo narra de esta manera: «Todos, de pie, sacudimos nuestras chaquetas y ropas como acto profético mientras enfrentábamos el espíritu de esclavitud y proclamábamos libertad en Budapest. ¡Que el Señor sacuda a quienes no liberan a sus hermanos de la misma manera en que sacudimos nuestras chaquetas! Las sacudimos violentamente bajo el poder del Espíritu Santo».¹⁰ De nuevo sale a la superficie la palabra «violencia».

Dutch Sheets nos da una excelente definición de acto profético: «Acción o declaración profética es algo que se dice o se hace en el reino natural, con la dirección de Dios, que prepara el camino para que Él se mueva en el reino espiritual, lo que efectúa cambios posteriores en el reino natural». Sheets lo expresa después de otra manera: «Dios ordena decir o hacer algo. Nosotros obedecemos. Nuestras palabras o acciones impactan el reino celestial, lo que a su vez influye en el reino natural».¹¹

---

8. Steve Hawthorne y Graham Kendrick, *Caminata en oración: Oramos en el lugar donde queremos la victoria*, Editorial Betania, Miami, FL, 1995, p. 94.
9. *Íbid.*, p. 93.
10. Kjell Sjöberg, *Winning the Prayer War* [Ganemos la guerra de oración], New Wine Press, Chichester, Inglaterra, 1991, pp. 68-69.
11. Dutch Sheets, *Intercessory Prayer* [Oración intercesora], Regal Books, Ventura, CA, 1996, p. 220.

LA SAL DE ELISEO

El agua de Jericó era mala. Eliseo acababa de recibir el manto profético de Elías. Los ancianos de Jericó tenían sus dudas sobre si Eliseo estaría a la altura de Elías. Por lo tanto llegaron ante él con el problema de las aguas malas. Eliseo sintió que había llegado el momento de un acto profético en público. Dijo: «Traedme una vasija nueva, y poned en ella sal» (2 Reyes 2.20). Cuando lo hicieron, Eliseo fue a los manantiales del agua y arrojó la sal en ellos. Dijo entonces a los ancianos: «Así ha dicho Jehová: Yo sané estas aguas, y no habrá más en ellas muerte ni enfermedad» (v. 21). Fue exactamente lo que sucedió y las aguas de Jericó volvieron a ser potables.

Lars-Goran Gustafson de Suecia vivía con su familia en un edificio compartido por otras familias cristianas. Una mañana, al abrir las llaves del agua, esta salió negra y con mal olor. Los funcionarios de la ciudad llegaron a inspeccionar, declararon el agua no apta para el consumo y clausuraron la entrada desde el aljibe hasta el edificio. Las familias no sabían qué hacer a excepción de orar y pedir a Dios una solución. Esa noche dos de los residentes del edificio fueron a la iglesia y el pastor leyó 2 Reyes 2.19-22. Se miraron uno al otro asombrados porque cada uno por su cuenta había leído exactamente ese pasaje en su devocional esa misma mañana. Concluyeron que debían estar oyendo de Dios.

Así que reunieron el grupo que vivía en el edificio, leyeron el pasaje de 2 Reyes y se preguntaron si tendrían valor suficiente para intentar hacer lo que hizo Eliseo. No era fácil ya que esto sucedió en la década de los ochenta cuando pocas personas hablaban de oraciones valientes y hechos proféticos. Oraron y se preguntaron si podían tener fe igual a la de Eliseo. Uno de ellos dijo: «Fe es cumplir la Palabra de Dios y hacer lo que dice. Por lo tanto volvamos al pasaje. Lo primero que hizo el profeta fue pedir una vasija nueva».[12]

Sucedió que una de las mujeres acababa de recibir dos vasijas nuevas como regalo, así que pusieron sal en una de ellas, formaron un círculo alrededor del aljibe en el patio, oraron y lanzaron la sal

---

12. Lars-Goran Gustafson, «Ni una gota para beber», *Christian Life* [Vida cristiana], diciembre de 1983, p. 109.

al interior de este. Cuando regresaron al edificio vieron que el agua salía cristalina. Después de cuatro días de pruebas, los asombrados funcionarios les presentaron un documento en el que decía, ¡que esa era la mejor agua de la comunidad!

TREINTA SACOS DE ARROZ

El evangelista hindú Ravikumar Kurapati tenía problemas. Había ido a una aldea a fundar una nueva iglesia y uno de sus primeros convertidos fue un agricultor hindú. A medida que crecía la cosecha de arroz, la del nuevo creyente resultó ser la peor de la aldea, con plantas marchitas y llena de malezas. Se convirtió en el blanco de las bromas y en cierto momento se cuestionaba haber entregado su vida a Jesús. Fue donde su pastor en busca de oración. Kurapati lo animó mediante la Palabra de Dios.

A la mañana siguiente Kurapati oyó de Dios. Nos dice: «Al día siguiente fui con él a su campo, donde casi todos los aldeanos me observaban. Tomé un balde de agua fresca y oré. Luego le pedí al agricultor que la rociara sobre su cosecha».[13] Cuando vino el tiempo de la siega, el asombrado agricultor cosechó de su campo no menos de treinta sacos de arroz, mucho más de lo que un terreno de ese tamaño podría haber producido en las mejores condiciones. Los aldeanos recibieron el mensaje del evangelio y desde entonces se fundó una iglesia fuerte.

Esto no es magia. La sal en el agua o el agua sobre la cosecha de arroz no tienen poder intrínseco. Los hechos proféticos no obligan a Dios a hacer algo que nosotros hemos decidido creer que Él debería hacer. Un auténtico acto profético no es la semilla para desarrollar una nueva fórmula. Steve Hawthorne y Graham Kendrick dicen: «Las recetas para vaporizar la maldad con demasiada facilidad se convierten en fórmulas vacías del poder de la persona de Jesús. Satanás siempre está tan dispuesto a encantarnos con nuestro supuesto poder como estamos dispuestos a creer que nuestras acciones obligan a los mismos cielos a cumplir. Una buena regla

---

13. De *Dawn Report* [Informe de madrugada], octubre de 1996, p. 9.

práctica es suponer que la mayoría de las acciones proféticas tienen como fin usarse una sola vez».[14] Este es un buen consejo.

SEMILLAS CELESTIALES EN UN PARQUE BÚLGARO

Dick Eastman de Todo Hogar para Cristo sabía y practicaba formas de oración innovadoras mucho antes de que algunos de nosotros pudiéramos deletrear «hechos proféticos», por decirlo así. Él llevó un equipo de viaje de oración a Sofía, Bulgaria, en la época anterior a la caída de la cortina de hierro. El implacable dictador búlgaro Todor Zhivkov había estado en el poder más tiempo que cualquier dictador comunista desde Stalin. Cuando varios grupos de oración, la mayoría de jóvenes, empezaban a hacer caminatas de oración por el parque central de Sofía, Wes Wilson, quien hoy día es vicepresidente de Todo Hogar para Cristo, sintió que el Señor le ordenaba llevar su grupo a cierto claro del parque para hacer un acto profético.

Mientras más oraban, más valientes se volvían. Wes llevó a cada persona de su grupo a cavar un pequeño hoyo en la tierra como si fueran a sembrar una semilla. Entonces estiraron la mano hacia el cielo como si estuvieran agarrando semillas celestiales y simbólicamente las plantaron en tierra. Para ese momento el Espíritu Santo había descendido con poder entre ellos y muchos estaban llorando. Concluyeron con alabanzas al Señor. Envalentonado más que de costumbre, Wes profetizó en voz alta: «Creo que algún día se hará una revolución que derroque al comunismo en Bulgaria y que comenzará exactamente en este mismísimo lugar». Luego agregó: «¡También creo que algún día leeré la respuesta a esta oración en la primera plana de *Los Ángeles Times*!»[15]

En efecto, poco más de un año después, la edición del 13 de noviembre de 1989, de *Los Angeles Times* titulaba en primera plana: «Los búlgaros saludan el cambio con precaución y sospechas». La

---

14. Hawthorne y Kendrick, *Caminata en oración*, p. 95.
15. Dick Eastman, *The Jericho Hour*, Creation House, Orlando, FL, 1994, p. 19.

historia hablaba de cómo la revolución en Bulgaria comenzó cuando se colocó una mesa en un claro del parque central de Sofía, de tal manera que los oponentes al gobierno pudieran firmar una petición. Dick Eastman comenta: «El grupo inicial de firmantes no era mayor que nuestro equipo de intercesores. Pero ese número creció pronto a centenares y luego a millares. ¡La revolución búlgara había comenzado! El artículo repetía que todo había empezado en un claro del parque central de Sofía. Creo que algunos de nuestros jóvenes intercesores podrían reconocer ese claro».[16]

¿QUÉ CAMBIÓ EN REALIDAD A NEPAL?

En el capítulo anterior describí los cambios radicales que se habían efectuado sobre la atmósfera espiritual del estado monárquico de Nepal, en las estribaciones del Himalaya, a principio de los noventa. Se necesita mucha fe para creer que el evangelio se predicará en todas las naciones para finales del año 2000, pero los acontecimientos recientes en Nepal edifican increíblemente la fe. Si puede suceder allí, puede en verdad suceder en cualquier parte.

¿Qué cambió en realidad a Nepal? El trabajo de base para los cambios se efectuó en años anteriores, cuando esta era una nación controlada con rigurosidad en donde solamente los misioneros más valientes se aventuraban a ir. Los trabajadores sociales de la Misión Unida por Nepal crearon actitudes positivas hacia los cristianos, aunque no se les permitió hablar del evangelio. Los traductores bíblicos pagaron su precio para llevar la Palabra de Dios a Nepal. Los primeros convertidos estaban deseosos de arriesgar sus vidas o caer presos por el evangelio. Aunque no de manera tan masiva como hoy día, los creyentes en muchas otras partes del mundo estaban orando con fervor por un gran avance en Nepal.

Una persona que había orado varios días a la semana por Nepal durante varios años fue Roger Mitchell de Gran Bretaña, el director de la Cadena de Guerra Espiritual para el norte de Europa. Él había llegado a la fe en Cristo cuando tenía dieciséis años mediante Isaías

---

16. *Íbid.*, p. 20.

55.6: «Buscad a Jehová mientras puede ser hallado, llamadle en tanto que está cercano».

La conversión de Roger cambió su vida de manera radical y en los primeros días de su nueva fe, Isaías 55 sería naturalmente un punto de enfoque para buscar la dirección del Señor a través de las Escrituras. Por consiguiente, Roger leía: «Porque con alegría saldréis, y con paz seréis vueltos; los montes y los collados levantarán canción delante de vosotros» (v. 12). Dios imprimió en Roger estas palabras de manera tan firme y personal que adquirió un atlas para averiguar dónde estaban las montañas más altas del mundo. Cuando averiguó que era la cordillera del Himalaya en Nepal, se dio cuenta de que estaba listo para dedicar su vida allí como misionero.

En esa época Nepal estaba cerrada a los misioneros, por lo que no se materializó el llamado misionero. Sin embargo, desde entonces Roger Mitchell se volvió un constante guerrero de oración por Nepal. Para 1990 se había convertido en líder de tiempo completo en la dinámica cadena apostólica Icthus dirigida por Roger Forster. Una vez al año Icthus planeaba un gran congreso internacional en el cual buscaban de Dios, oraban y adoptaban estrategias para su alcance mundial. Icthus es uno de esos grupos que entendían la cartografía espiritual, la guerra espiritual de nivel estratégico, la oración violenta y los hechos proféticos por años antes de que se pusieran de moda en el resto del Cuerpo de Cristo. Por consiguiente, no era nada fuera de lo común el realizar un hecho profético en su congreso internacional anual.

«¡Caerás de la silla cuando la fortaleza se rompa!»
En cierto momento Dios movió al grupo Icthus a pegar un mapa de Nepal sobre el suelo. Hacía poco que uno de los amigos nepalíes de Icthus había caído preso por su fe, lo que motivó una concentración especial de oración sobre Nepal. Como acto profético colocaron una silla sobre el mapa y se pidió a Roger, reconocido por su extraordinaria carga por Nepal, que se sentara en ella. Comenzó entonces la clase de intercesión violenta por la que aboga Jack Hayford. Después de un período de oración ferviente, uno de los intercesores dijo: «Roger, ahora representas la demoníaca fortaleza de la oscuridad sobre Nepal. Nosotros vamos a pedir a Dios que

rompa esa fortaleza que ha estado allí por siglos. Sabremos cuando se rompa y entonces tú caerás de la silla».

Empezaron a orar con más agresividad que antes. El Señor dirigió a uno de ellos a leer Isaías 49.7: «El Redentor de Israel, el Santo suyo, al menospreciado de alma, al abominado de las naciones, al siervo de los tiranos: Verán reyes, y se levantarán príncipes, y adorarán».

Para el grupo, los «príncipes» significaban los espíritus territoriales que habían mantenido a Nepal en cautiverio espiritual. Los intercesores tomaron autoridad sobre ellos en el nombre de Jesucristo y mediante su sangre derramada en la cruz, diciéndoles que no iban a reinar más en Nepal. Con el tiempo llegó la liberación por el Espíritu Santo y Roger Mitchell cayó de la silla y por un tiempo estuvo tendido en el suelo como muerto. El acto profético se cumplió como Dios lo indicara.

¡Ese mismo fin de semana los titulares de los periódicos hablaban de que el rey de Nepal había acordado cambiar la constitución, permitir más libertad para los cristianos y liberar a los que habían encarcelado por su fe en Cristo! Desde entonces Nepal ha sido diferente. Como lo mencioné antes, los informes señalan que tres mil iglesias cristianas se fundaron en Nepal, se iniciaron al menos una cantidad igual de «grupos de Cristo» de Todo Hogar para Cristo y cerca de trescientas mil personas son creyentes. Nepal comienza ahora a enviar misioneros a Bután y Tibet, naciones vecinas cuyas puertas estaban igualmente cerradas para el evangelio.

¿Fue una simple coincidencia que el grupo Icthus hiciera un acto profético exactamente unos días antes de que se anunciara el cambio a través de los medios de comunicación? Los escépticos tal vez digan que sí. Sin embargo, quienes entienden el poder que puede tener la oración en el mundo invisible estarán de acuerdo en que no es coincidencia. Las oraciones en Inglaterra tuvieron su parte en hacer retroceder los espíritus territoriales sobre Nepal.

La última gota en la copa
¿Recuerda las copas de oro en Apocalipsis 5? Ningún líder de Icthus afirmaría que sus oraciones fueron los únicos que llenaron la copa que representa a Nepal. Tanto ellos como nosotros sabemos que

Dios también ha estado dirigiendo un incalculable número de creyentes en casi todos los continentes para orar fervientemente por Nepal, y el incienso de sus oraciones a través de los años ha estado llenando y llenando la copa. También podría ser muy bien que los actos proféticos en Inglaterra proveyeron las gotas finales que llenaron por completo la copa de Nepal. Si así fuera, este es el momento, como lo diría Dutch Sheets, en que Dios sabe que se ha acumulado oración suficiente para lograr que se haga el trabajo. Entonces, «el ángel tomó el incensario, y lo llenó con fuego del altar» (Apocalipsis 8.5).[17]

El fuego de Dios abrió las puertas de Nepal a un avance masivo del reino de Dios. Eso continuará sucediendo más y más a medida que el pueblo de Dios crezca en su entendimiento y aplicación del significado del título de este libro: *¡Oremos con poder!*

PREGUNTAS DE REFLEXIÓN

1. ¿Ha notado personalmente alguna actividad especial de oración entre los niños? ¿Ha oído informes de otros?
2. Parece que el ayuno entre los cristianos es ahora más popular de lo que fue en el pasado. ¿Cree usted que marcará alguna diferencia?
3. Los hechos de oración profética, ya sea en la época bíblica o en los tiempos actuales, pueden parecer extraños. ¿Por qué harían las personas cosas tan extrañas?
4. ¿Cuál fue para usted el capítulo más importante de este libro? ¿Explique por qué?

---

17. Sheets, *Intercessory Prayer* [Oración intercesora], p. 209.